中国经济文库
应用经济学精品系列

中国经济文库·应用经济学精品系列（二）

周　爽◎著

特大城市人口调控研究：
以北京、上海、广州为例

Study on Population Regulation in Metropolis:
Based on The Cases of Beijing, Shanghai, Guangzhou

中国经济出版社
CHINA ECONOMIC PUBLISHING HOUSE
北　京

图书在版编目（CIP）数据

特大城市人口调控研究：以北京、上海、广州为例 / 周爽著 .
—北京：中国经济出版社，2020. 4
ISBN 978 - 7 - 5136 - 6095 - 2

Ⅰ. ①特… Ⅱ. ①周… Ⅲ. ①特大城市—城市人口—
人口控制—研究—中国 Ⅳ. ①C924. 24

中国版本图书馆 CIP 数据核字（2020）第 040781 号

责任编辑 孙晓霞
责任印制 马小宾
封面设计 华子图文

出版发行 中国经济出版社
印 刷 者 北京艾普海德印刷有限公司
经 销 者 各地新华书店
开 本 710mm × 1000mm 1/16
印 张 11
字 数 130 千字
版 次 2020 年 4 月第 1 版
印 次 2020 年 4 月第 1 次
定 价 56. 00 元
广告经营许可证 京西工商广字第 8179 号

中国经济出版社 **网址** www. economyph. com **社址** 北京市东城区安定门外大街 58 号 **邮编** 100011
本版图书如存在印装质量问题，请与本社销售中心联系调换（联系电话：010 - 57512564）

目录

摘要 / 1

Abstract / 1

第 1 章
引　言

1.1　研究背景 / 3

1.2　研究目的和意义 / 7

1.3　研究问题 / 9

1.4　章节安排 / 9

第 2 章
文献回顾与述评

2.1　城镇化和人口流动 / 15

2.2　适度人口理论 / 23

2.3　产业结构和就业结构相关理论 / 27

2.4　流动人口的居留意愿 / 31

2.5　人口调控的实证研究 / 39

2.6　特大城市人口调控手段回顾 / 42

第 3 章
研究方法

3.1 研究内容和框架 / 51
3.2 数据来源 / 56
3.3 研究方法与变量定义 / 57
3.4 研究技术路线图 / 62

第 4 章
特大城市产业布局和流动人口就业

4.1 特大城市流动人口基本状况 / 66
4.2 特大城市产业结构调整对流动人口就业的影响 / 74
4.3 北上广流动人口对城市发展的影响 / 94

第 5 章
流动人口的就业结构和居留意愿

5.1 三地区流动人口居留意愿的分布情况 / 103
5.2 北上广三地区流动人口居留意愿影响因素分析 / 111
5.3 讨论与小结 / 119

第 6 章
城市功能定位下的流动人口管理模式分析

6.1 特大城市面临的人口问题 / 125

6.2 特大城市产业布局对流动人口居留意愿的间接影响 / 130

6.3 流动人口的居留意愿对城市发展的影响 / 131

6.4 城市功能定位与人口在空间上的有序流动 / 132

第 7 章
结论和讨论

7.1 主要结论 / 137

7.2 主要创新 / 141

7.3 研究不足及未来可能研究的空间 / 142

附　录 / 143

参考文献 / 147

第1章
引　言

1.1 研究背景

随着我国城镇化进程的不断推进，快速涌入城市的流动人口成为特大城市人口规模过快、过度增长的主要推动因素（张强、周晓津，2014）。根据国家统计局数据显示，截至2015年，我国的城镇化率为56.1%，城镇常住人口达7.7亿人，其中，流动人口总量为2.47亿人，占总人口的18%。同时，在流动人口的空间格局上，流动人口的流入地呈现明显的空间集中趋势：在全国层面上，越来越向东部和南部沿海地区集中；在省级层面上，越来越向少数几个省份集中，流动人口比重排名前五位的省份吸纳了全国一半的流动人口；而在城市层面，流动人口越来越向少数几个城市集中，表现为北京、上海、广州等特大城市对流动人口的吸纳力急剧提高，并呈现出极化现象（段成荣、杨舸，2009；夏怡然等，2015）。自1996年以来，北京、上海、广州等特大城市的人口规模屡次突破人口控制目标，基础设施建设和公共服务的投入始终跟不上持续快速增长的人口需求（王培安，2014）。由此出现了诸如交通拥堵、环境污染、资源紧缺等一系列人口、资源、环境之间矛盾激化的“城市病”问题，给流入地的城市化治理和特大城市持续、健康发展提出了重大挑战（谭日辉等，2019；张强，2014）。

针对这一问题，国家出台了多项举措，加强对特大城市的人口调控。在1980年全国城市规划工作会议上提出的“控制大城市规模，合理发展中等城市，积极发展小城市”城市发展总方针基础上，十八届三中全会的中央城镇化工作会议，又再次明确提出了“全面放开建制镇和小城市落户限制，严格控制特大城市人口规模”的政策。可以说，在国家层面上，特大城市的人口调控问题已经受到了广泛的关注和重视。

特大城市的人口调控也在实践中走过了很多年。对于人口调控的手段和途径，主要分为两种：一种是以地方政府行政手段为主的城市人口规模调控，第二种是以产业升级与转移为主的市场手段。从调控效果来看，行政手段短期内效果明显，但一旦放松调控，城市人口在短期内即迅速回复到其应有的状态（张强、周晓津，2014）。以产业升级与转移为代表的市场手段来调控城市人口结构，也存在人口疏解和产业外迁之间不匹配的现象。被疏解的流动人口并未随产业搬迁，或化整为零散布周边地带继续经营，或转而从事其他行业，或借其他项目继续滞留（童玉芬，2018）。

在特大城市人口调控的应对思路上，以北京为例，习总书记在党的十九大报告中指出，要“通过疏解北京非首都功能作为牛鼻子促进京津冀协同发展”，人口的疏解与调控与非首都功能疏解密切相关。2014年12月，习近平主席在考察北京时，就推进北京发展和管理工作提出，“要明确城市战略定位，坚持和强化首都全国政治中心、文化中心、国际交往中心、科技创新中心的核心功能，深入实施人文北京、科技北京、绿色北京战略，努力把北京建设成为国际一流的和谐宜居之都。要调整疏解非首都核心功能，优化三次产业结构，优化产业特别是工业项目选择，突出高端化、服务化、集聚化、融合化、低碳化，有效控制人口规模，增强区域人口均衡分布，促进区域均衡发展。”这两个要求为未来北京市人口调控指明了思路：利用北京市城市功能定位，促进产业结构调整，使其与首都城市发展定位相符，进而优化在京人口的就业结构，以达到人口调控的目的。特大城市人口调控将成为新时代人口发展战略中的重要内容。

人口调控应遵循城市化发展规律。

从世界城市化发展规律来看，在今后相当长的一段时期内，我国将持续处在城市化快速发展的阶段（童玉芬、武玉，2013）（见图1.1）。

而城市化的实质是“产业革命引起的人口和其他经济要素从农业部门向非农部门转移的过程，转移的根本标志是农业比重的下降和非农业比重的上升，及产业结构的变迁。”可以说，产业结构的优化升级是城市化进程的主要推动力，进程中产生的大量就业机会促使就业人口从传统部门向新兴主导部门转移，导致大规模人口流动和城市人口的增长，从而推进城市化的演进和城市发展（段瑞君，2008）。当前，我国经济发展正经历传统产业转型的重要时期，第三产业比重快速提升，逐步成为发达城市的主导产业。而由于近年来老龄化问题不断凸显，城市劳动年龄人口缺口问题严重，流动人口向特大城市集中的趋势不可避免。而对于那些已经在特大城市工作

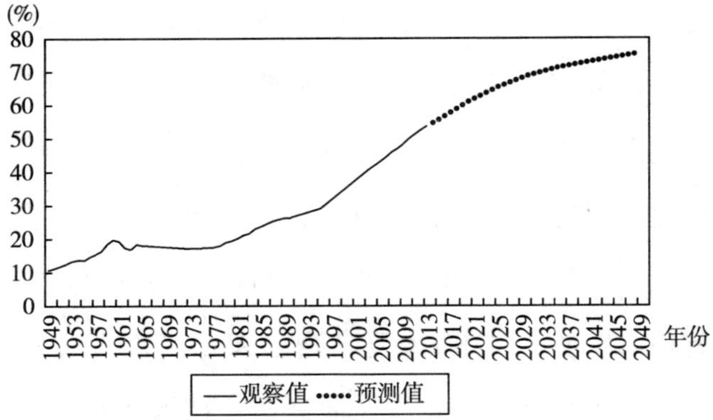

图 1.1　1949—2050 年中国城市化率演变和发展趋势

注：所有观察值数据均来自国家统计局，所有预测值来自联合国人口司。1981年及以前人口数据为户籍统计数；1982、1990、2000、2010 年数据为当年人口普查数据推算数；其余年份数据为年度人口抽样调查推算数据。总人口和按性别分人口中包括现役军人，按城乡分人口中现役军人计入城镇人口

和生活的流动人口来说，他们的居留意愿在很大程度上反映了社会融入状况。他们中的一部分会选择离开，流入其他城市或返回老家；另一部分则会选择在流入地长期居留，这将涉及城市人口管理政策的转变，公共服务的提供以及区域经济的发展。因此，在中国经济快速发展和城市化快速推进的大背景下，如果对特大城市的流动人口进行调控，引导人口有序流动和在空间上合理布局，有必要在认识特大城市人口增长的一般规律的基础上，对特大城市的产业布局和流动人口就业结构之间的关系，对流动人口就业结构对居留意愿的影响进行深入剖析。

然而，以往对人口调控的研究主要是从城市功能定位的宏观层面探讨人口调控方式，但是，人口调控政策并非只是城市的顶层设计，也要考虑被调控对象自身特征和对调控政策的反应。本研究从流动人口的居留意愿表达的微观层面，分析人口自身状况以及就业

结构特征等对流动人口居留意愿的影响，探讨流动人口居留意愿表征下的人口城市化影响因素等，梳理流动人口的居留意愿影响因素以及城市功能定位，在学术上尝试从多个角度和层面探讨城市人口调控政策的有效性和途径。

1.2 研究目的和意义

本研究旨在依据城市人口增长的客观规律，通过促进城市经济发展阶段和相应的人口规模协调发展，并结合流动人口的居留意愿，提出特大城市的人口调控方式，包括：

1）分析北上广城市产业结构与流动人口就业之间的关系；

2）分析流动人口的就业结构和居留意愿的关系；

3）在认清以上两点的基础上，梳理流动人口的居留意愿影响因素以及城市功能定位，多个角度和层面探讨城市人口调控的有效性和途径。

基于以上研究目的，本研究将尝试性地提出城市功能定位下的人口调控方式，具体内容包括：

首先，通过对北京、上海、广州三个城市流动人口基本情况的比较，分析流动人口个人特征的地区差异性；

其次，对北上广三个城市的产业结构变化，不同产业和行业对就业人口的吸纳，以及不同城市流动人口就业分布的差异性三个方面，探讨不同城市的产业结构升级对流动人口就业的影响；

再次，对北上广流动人口居留意愿的影响因素进行分析，识别三地流动人口就业因素对居留意愿的影响程度以及在行业间的差异性；

最后，总结北上广三个城市产业布局对流动人口就业的影响模式和就业对流动人口居留意愿的影响模式，探讨特大城市中的流动人口管理模式和我国城市化进程中的问题。

人口流动是我国城市化进程中的重要环节，流动人口的居留意愿在某种程度上反映了流动人口的社会融入状况，而流动人口的社会融入状况将决定区域城市化进程是否稳定和协调发展。同时，流动人口的流动模式也是我国人口流动和城市化的主要形式。因此，分析流动人口的居留意愿及其影响因素，可以为城市城市人口调控和城市化发展进程以及相应政策应对提供有效的借鉴作用，在促进人口有序流动、合理分布和加强公共服务、社会管理等方面为相关部门进行决策提供重要依据。

此外，以往对人口调控的研究主要是从城市功能定位的宏观层面探讨人口调控方式，但是，人口调控政策并非只是城市的顶层设计，也要考虑被调控对象自身特征和对调控政策的反应。本研究从流动人口的居留意愿表达的微观层面，分析人口自身状况以及就业结构特征等对流动人口居留意愿的影响，探讨流动人口居留意愿表征下的人口城市化影响因素等，梳理流动人口的居留意愿影响因素以及城市功能定位，在学术上尝试从多个角度和层面探讨城市人口调控政策的有效性和途径。

1.3 研究问题

本研究主要解决以下五个具体的研究问题：

问题1：我国城市化进程中，特大城市的流动人口的流动模式如何？北京、上海、广州三个典型特大城市的流动人口的基本特征，尤其是就业特征是什么？

问题2：特大城市的产业结构升级和就业结构的关系如何？产业布局对流动人口就业结构的影响如何？

问题3：流动人口居留意愿的影响因素有哪些？就业因素对流动人口居留意愿的影响程度如何？是否存在地区差异？就业因素是否是影响三个典型特大城市流动人口居留意愿的共同因素？

问题4：不同行业对特大城市流动人口的居留意愿的影响存在差异性？在控制了非就业因素的前提下，就业因素对流动人口居留意愿的影响是否显著？北京、上海、广州三个特大城市，不同行业对流动人口的居留意愿的影响存在地区性差异？是否可以引入居留意愿与就业因素的关系，实现特大城市的产业疏解，以实现特大城市的人口调控？

1.4 章节安排

本研究共分为七个章节：

第一章为引言，主要是对研究背景进行阐释、说明研究目的与研究意义、并对研究问题进行阐述。

第二章为研究现状，对已有相关文献进行回顾及评述，采用以研究流动人口现状和居留意愿的原因、实施人口调控的必要性、相关理论依据、人口调控的目标、评价人口调控效果需要纳入的宏观和微观因素为主线，对城市化和人口流动、中国城镇化与人口发展状况和趋势分析、城市经济发展对人口规模的影响、人口流动的原因分析、人口调控的实证研究和特大城市人口调控手段回顾进行梳理和总结。

第三章是研究内容和方法部分，重点对基于文献回顾的理解和分析，提出本文的研究内容和框架，探讨流动人口的流动特征及其可能影响因素，以及人口调控导向等，然后依据实证数据资料，界定探讨的主要概念和变量指标，对数据分析中涉及的统计分析方法进行描述。最后给出直观的分析技术路线图。

第四章，以我国特大城市北京、上海、广州为例，阐述城市发展进程中经济发展和人口规模增长的关系。包括：

（1）特大城市流动人口的基本现状。这部分分析以北京、上海、广州三个典型特大城市的流动人口为对象，分别从性别、年龄、户口性质、受教育程度、婚姻状况、居住区域、居住年限等方面，比较和分析三个城市的流动人口在个人特征上的差异性；

（2）特大城市产业演变对流动人口就业的影响。分析基于对产业结构和就业结构关系的认识，首先考察三个城市三次产业结构变化在常住人口和流动人口就业结构上的反映，然后分析不同城市地区生产总值的行业变化在常住人口和流动人口的行业分布上的反映，最后比较分析不同城市的产业结构变化对流动人口就业的影响模式的差异性；

（3）流动人口对城市发展的影响。分析主要从年龄结构、受教育结构、就业结构这三个方面探讨流动人口对城市未来产业调整升级的影响；

第五章，使用北上广三个城市流动人口的动态监测调查数据，阐释调查表明的居留意愿为特征的流动人口社会融入的影响因素及地区差异。包括：

（1）流动人口的居留意愿基本现状和地区差异。主要讨论不同居留意愿人群在个人因素、经济因素、社会因素上的差异性；

（2）流动人口的居留意愿的影响因素分析及其地区差异。该部分主要通过 logistic 回归分析哪些因素对三个城市的流动人口居留意愿影响显著，以及就业因素是否是影响三个城市流动人口居留意愿的共同因素；

（3）不同城市流动人口的就业因素对其居留意愿的影响程度以及在行业间的差异；

第六章探讨在综合考虑了城市功能定位和流动人口居留意愿两方面因素后，分析流动人口居留意愿视角下人口调控和流动人口管理方式，辅助我国人口调控与城市化发展的决策参考。

第七章是结论部分。基于前面几章的数据分析结果和相关资料分析归纳提炼出主要发现进行讨论，并就本研究的创新和不足之处进行讨论，并对未来可能的相关研究方向给出建议（见图 1.2）。

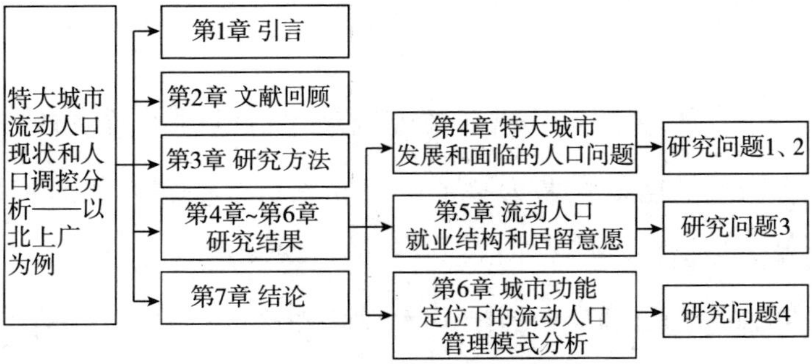
特大城市流动人口现状和人口调控分析——以北上广为例
第1章 引言
第2章 文献回顾
第3章 研究方法
第4章~第6章 研究结果
第7章 结论
第4章 特大城市发展和面临的人口问题
第5章 流动人口就业结构和居留意愿
第6章 城市功能定位下的流动人口管理模式分析
研究问题1、2
研究问题3
研究问题4

图 1.2　各章安排

第2章

文献回顾与述评

2.1 城镇化和人口流动

2.1.1 关于城镇化和人口流动概念的界定

城镇化水平是衡量一个国家或地区社会经济发展水平的重要标志，通常以城镇常住人口占该地区常住总人口的比重来衡量，反映了人口向城镇聚集的过程和聚集程度。城镇人口在统计上有严格的界定标准，具体指居住在中心城、新城、小城镇的镇区以及与城市基础设施相连通的村庄的人口。

目前学术界对城镇化的研究主要集中在新型城镇化的发展，谢天成（2015）就指出新型城镇化是赋予了新的内涵的发展目标，其“新”主要体现在发展理念、发展模式、空间形态、城镇建设、可持续发展以及政策保障等方面。学者们主要从人口学、社会学、经济学等视角研究城镇化的发展，刘国斌（2016）认为城镇化的核心是“人”，人口的流动产生的集聚现象为城镇化提供了重要的发展动力，而城镇化进程又进一步促进了人口的流动，人口要素与城镇化进程通过经济、社会、文化和环境等方面深度融合，形成密不可分、相互促进的系统；同样，陈云松（2015）也指出城镇化是农村人口流入城市并与城市人口发生双向互动的过程；仝俊杰（2015）研究认为城镇化不仅指人口不断地向城镇聚集，还伴随着第二、第三产业不断向城镇聚集，城镇数量和规模的不断扩大以及生活方式不断扩散的复杂过程，但归根究底其核心表现依然是农村人口向城镇的转移，最终实现市民化的转变；而周飞舟（2015）则认为城镇化的关键是土地的问题，辅助以财政和金融，将“农民上楼”和“资本下乡”描述为城镇化的缩影。

2.1.2 人口迁移规律

学术界对人口迁移规律的相关理论研究主要包括列文斯坦（E. G. Ravenstein）在19世纪80年代提出的人口迁移法则、唐纳德·博格（D. J. Bogue）在20世纪50年代末提出的“推拉理论”和李（E. S. Lee）在20世纪60年代提出的人口迁移理论。

人口迁移法则。1885年，英国统计学家列文斯坦在《人口迁移规律》（The Law of Migration）文章中提出了英国国内人口迁移的6条规律，揭开了人口迁移规律性研究的历史。之后，列文斯坦通过充实材料和发展原有法则，提出人口迁移的7条规律：一是距离对人口迁移的影响表现为短距离迁移；二是人口迁移的阶梯型表现为城市周边人口向大的工商业中心迁移，边远地区的乡村人口迁入城市周边以填补城市郊区出现的空缺；三是每个迁移流的产生都会伴随一个补偿性的反迁移流；四是相比城市居民，农村居民更易发生迁移；五是迁移人口中存在性别差异，女性多于男性；六是经济的发展促使人口迁移量的增加；七是经济动机是人口迁移的主要动机。

“推拉理论”模型。20 世纪 50 年代唐纳德·博格在列文斯坦和巴格内研究基础上系统提出人口迁移的“推拉理论”。在自由市场经济中，人们迁移是两种不同方向的力作用的结果，一种是拉动人口迁移的积极因素，包括在迁入地有较多的就业机会、较高的工资收入、较好的生活水平、较完善的文化设施和交通条件等；还有一种推动人口迁移的因素，主要包括迁出地的农业生产成本增加、农村剩余劳动力过剩导致失业和就业不足、较低的收入水平等等。这一理论对影响劳动力流动的社会、经济及制度因素做了综合分析。

“推拉理论”模型从城乡两方面考察农村剩余劳动力转移，较好地说明了转移过程中农村剩余劳动力所需承载的压力和动力，对中国以及各个地区的农村剩余劳动力转移的政策选择仍具有重大的指导意义。

人口迁移理论。E. S. 李 1966 年发表的《人口迁移理论》一文发展了列文斯坦的人口迁移理论，建立了完整的分析框架，将迁移理论总结为三个部分：一是影响人口迁移数量的因素主要包括地区社会经济发展的差异性、自然地理条件的差异性、迁移人群的个体差异、迁移中遇到的障碍数量以及解决的程度，同时，迁移的数量与经济的增长基本上成正比；二是迁移流的产生必然伴随一个逆向的迁移流；三是迁移过程中存在对迁移人群的选择性，且与迁移者的生命历程中的阶段有关。

总体上来说，经济因素是吸引流动人口的主要因素。城市经济结构的不断发展，即产业结构的优化升级促进就业人口在产业间重新分布，新兴部门对劳动力提出新的就业需求，在城市化进程中，在流动人口持续涌入特大城市的社会背景下，城市对流动人口的拉力通过就业机会得到体现。

人口流动方面，国际上通常根据空间和时间来界定，而国内关于人口流动的界定十分复杂。胡媛媛（2015）提出如按迁移时间可分为暂时性迁移人口和永久性迁移人口，按迁移方式可分为计划迁移人口和自发性迁移人口，按是否随迁户口分为户口迁移人口和非户口迁移人口（流动人口）；李拓（2015）用人口流动速度来对人口流动状态进行量化，指出除经济和公共服务外，城市饱和度、城市等级、城市化水平、产业结构都是影响人口流动的重要因素。

2.1.3 城镇化与人口流动之间的关系分析

研究表明城镇化的进程与人口流动的关系密不可分（陈云松，2015；刘岱宁，2014）。总体上来看，人口迁移流动为中国经济的高速发展提供了丰富劳动力，为新型城镇化的发展奠定了基础。

在分析人口流动对城镇化的影响中，茆长宝、穆光宗（2015）提出人口流动是我国实现快速城镇化的主要方式，并以浙江省为例，指出人口流动带来的人口空间再分布极大地影响了城镇体系的空间构建，促进了城镇化水平的提高，并有形成较大范围高城镇化率连线、连片的趋势。路琪（2014）通过测度、分析我国及各省市的流动人口规模及其对城镇化的影响，并基于城镇化率和非农户籍人口比重的比较，探讨我国及各地区的城镇化质量，分析人口流动与城镇化的关系。刘涛（2015）指出作为中国城镇化的核心主体和城市规模增长的主要贡献者，人口流动的空间格局演变必将对中国的城镇化和城镇体系形成根本性冲击，大规模的人口流动对流出地和流入地的城镇化水平提高均有显著贡献，同时在很大程度上重构了中国城镇体系的等级规模结构和空间布局模式。人口流动给城镇化过程中的社会管理也带来新的挑战，例如流动人口住房、社会治安、教育培训及部分地区“未富先老”等问题。

关于城镇化对人口流动的影响，牛叔文（2014）指出城镇化是一个人口向城镇聚集并让城镇人口比重不断上升的过程，包括城乡人口迁入和城市人口自然增长，而且研究表明城镇化过程中流向城镇的流动人口对城镇化的影响越来越大。在城镇化背景下流动人口的市民化方面，单就社会融入问题而言，叶鹏飞（2015）将人口流动分为城城流动和城乡流动，并指出在城镇化中，流动人口的社会融合问题是影响新型城镇化的重要内容，主要体现在经济、文化、心理等方面。樊怡敏（2015）在对流动人口市民化的研究中指出，新型城镇化是以人口全面发展为重点的城镇化，要求在以人为本的原则导向下，改善城市管理与服务水平，积极推进流动人口的市民化，使得新型城镇化健康发展。接栋正（2017）同样认为新型城镇化就是要实现人的城镇化，就要重视迁移流动人口的市民化和社会融合，因此要积极探索流动人口融入城市的路径和模式，加强和创新社会管理，避免城镇化过程中流动群体难以融入城市而带来的人的排斥和隔离。

2.1.4 中国城镇化发展阶段回顾

中国城镇化现有研究指出城镇化发展主要有三种模式就地、就近和异地城镇化，主要分为两个阶段：一是 1978 年至 20 世纪 90 年代中期，以短距离迁移流动为主，且农村城镇化以小城镇为主导；

二是20世纪90年代中期至今，以长距离迁移流动为主，以大城市为主导的快速新型城镇化。当下城镇化的研究范围较为广泛，范剑勇（2015）以居住模式为研究重点，分析新增常住人口居住在以工业用地为主的非普通商品房模式，是当下中国城镇化道路的特色，其主要机制是由工业用地扩张带动城市常住人口与房价的上升，减缓工资成本提升带来的压力。孙中伟（2015）从城市发展的角度出发，认为“大城市优先”的新型城镇化道路更能够得到农民工的响应和支持，应重点建设一批大城市，不仅可以吸引过剩流动人口，转移超大城市的人口压力，还可以通过大都市圈建设带动中小城市的发展。靳小怡等（2015）对城镇化过程中的家庭研究表明随着城镇化的不断推进，家庭代际关系发生了重大改变，家庭养老的传统性别分工有所弱化，但社会养老的功效凸显。

2.1.5 人口流动历程研究

国内关于流动人口的研究，主要集中在流动人口的规模、结构、迁移机制、空间模式变化、生存现状、管理对策、区域影响等方面。由于研究目的所限，本研究主要对流动人口的比重、流向、迁移模式、年龄结构、人口流动对区域发展的影响进行阐述。

一些研究者给出了农业转移流动人口在总流动人口中的比重。林玲（2008）等根据1982年至2000年的历次人口普查数据和2005年抽样调查数据指出，农村流出人口一般占总流动人口的60%及以上。唐家龙（2007）等还根据五普0.95%微观数据指出，农业人口的临时迁移率高于城镇人口。

随着1990年以来中国城镇化速度的不断加快，农业转移人口的结构，不论从自然结构上，还是社会结构上，都产生了重大的变迁。从流动人口的流向变动上看，王桂新利用 1990 年人口普查数据和 1987 年、1995 年两次 1 % 人口抽样调查资料，根据对人口迁移选择指数的计算，从人口流动的三大地带、人口迁移吸引中心、人口迁移吸引中心的吸引区域等方面指出，人口流动向东部集中的同时，西部地带也吸纳了一部分中部流出人口，中国省际流动人口已逐步形成以北京、上海为全国级强势吸引中心，以广东、新疆为两大地区级强势吸引中心的四大强势吸引中心（王桂新，2000），后又根据五普数据结果发现我国中、西部地带人口主要选择迁向东部地带的基本区域模式十分稳定（王桂新，2003）。林玲等进一步指出流入东部的人口主要集中在包含广东全境的珠江三角洲地区，以及包含江浙两省全境及上海市的泛长江三角洲地区。林玲等利用 2000 年第五次人口普查数据推算出这两个三角洲吸纳的跨地区流动人口占整个东部地区跨地区迁入人口的 78.1%（林玲等，2008）。段成荣（2009）等利用 1982 年以来的历次全国人口普查和 1 % 人口抽样调查的数据，发现流动人口在区域上越来越向东部地区集中，越来越向东部和南部沿海地区集中；在省级层面上越来越集中流向广东、江苏、浙江、福建等少数省；在市级层面上越来越集中流向由 35 个左右城市组成的沿海城市带。这一结果与王桂新（2009）通过对日本国内人口迁移和东京及东京都市圈的发展经验分析得出的结论一致，即日本国内人口流动向一级行政区集中发展（绳田康光，2008）。

从流动人口的迁移模式上看，在过去的 30 年里，中国农民的迁移模式经历了“离土不离乡、进厂不进城”的以乡镇企业为就业目的地就地转移到“离土又离乡、进厂又进城”的以城市为目的地的异地流动，又到目前的长期居住且有举家迁移倾向的模式（辜胜阻等，2009）。李俊（2011）指出2003年以来，农村转移流动人口呈现出流动主题转换、举家迁移增多、回流少量出现的新趋势。

从流动人口的年龄结构上看，1980年后出生的第二代农民流动人口成为城市中的流动人口主体（韩俊，2011），他们无论在意愿上还是行动上都表现出强烈的移民城市的倾向（王春光，2010）。这一观点在刘传江（2010）对新生代流动人口特征分析中得到印证，文中进一步指出数据结果反映出他们对城市生活和市民身份更为强烈的向往。但是由于王春光、刘长江研究的数据来源是他们分别于2009年在广东、浙江等省和2008年在武汉市所作的抽样调查，所以是否对全国范围内的新一代流动人口具有代表性，有待商榷。

2.1.6 人口流动对区域城镇化的影响

针对人口流动对城镇化的影响这一问题，大量实证研究表明，中国的大规模乡－城人口流动对城镇化的发展产生了巨大的影响。Williamson Jeffrey（1988）通过对1950—1970年16个发展中国家城镇人口增长来源的研究发现，城乡人口迁移对城镇化发展的贡献率在33%～76%，平均水平达58%。Zhang Kevin Honglin（2003）通过对中国的城镇化研究指出，1978—1999年，中国从农村向城镇的人口迁移占城镇人口增长总量的75%。国家统计局数据显示，2010年，全国流动人口数量达2.61亿，比2000年第五次人口普查数据增长81.0%，其中，大部分为农村进城务工人员。

在流动人口对区域的正面影响方面，原新（2009）利用全国第三次、第四次、第五次人口普查数据，对人口流动对京津冀地区人口结构变化的影响进行分析，提出从短期效果看，流动人口对流入城市的劳动力供给的增加、对老龄化的减缓、对城市抚养比的下降均具有积极意义。从长期效果看，流动人口对流入城市的人口年龄结构的优化，对未来城市人口发展条件的改善均具有正面的积极影响。王瑞等（2013）认为大规模流动人口的涌入给城市的经济发展带来了活力，弥补了城市劳动力结构上的不足，但是，也给城市的公共交通、环境、社会资源带来了巨大的压力和挑战。还有一些学者认为流动人口给流入城市带来社会治安混乱、犯罪率攀升、环境恶化、城市管理不便等问题，给流出地带来留守老人、留守儿童问题等。李伟强（2010）从流出地的角度提出，大量的人口外流给流出地带来劳动力紧缺、经济发展受限的负面后果。

综合以上研究发现，目前关于流动人口的研究主要是宏观层面的研究，针对流动人口个体的微观层面研究较为欠缺，这也许与流动人口动态监测相关数据获取不足有关，给流动人口研究分析带来一定的局限性。

2.2 适度人口理论

西方适度人口理论产生于 19 世纪末、20 世纪初，起初研究的是一个国家最适宜的人口数量、人口规模，后来又研究最适宜的人口密度和人口质量等。适度人口思想最早来源于英国经济学家坎南（Edwin Cannan）。他在 1888 年出版的《初级政治经济学》中从人口增长是否有利于获得最大生产率的角度，研究了适度人口问题。他认为研究“人口规律”就是去寻求能获得最大生产率的人口数量，人口过多或过少都不利于国家或地区的发展，二者之间必有一个最合适的人口数量。在任何一段时间里，假定资源、资金、技术等条件不变，一国的适度人口是使人均产量或人均收益最大的人口数，与这个人口数相对应的人均产量或收益最大的点称为“最大收益点”。人口增长在未达到“最大收益点”之前是人口不足，超过“最大收益点”之后则是人口过剩（见图2.1）。

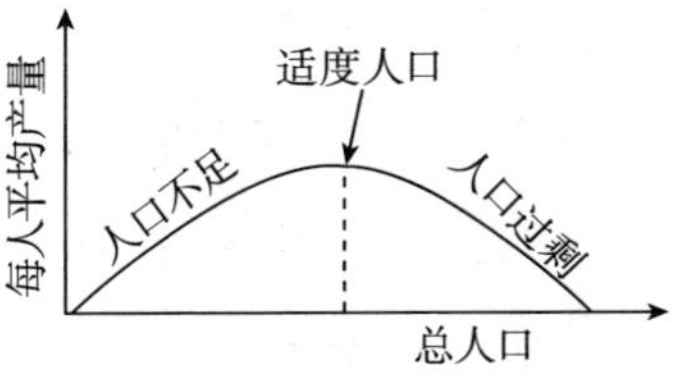

图2.1　坎南的适度人口示意图

瑞典经济学家威克塞尔（Johan Gustaf Knut Wicksell）在1910年发表的《适度人口》中最早使用了“适度人口”这个术语。他强调，一个国家的人口应当有适度的规模和合理的密度，这个“适度人口”必须同经济发展和技术进步相一致，不应超过该国农业资源及其提供食物的能力所允许的限度；适度人口是该国工业潜力允许的最大规模生产所能容纳的人口。英国人口学家卡尔·桑德斯（Alexander Morris Carr - Saunders）在《人口问题：人类进化的研究》（1922年）一书中最先比较系统地阐述了“适度人口论”。他认为人口的“适度数量”，是考虑到自然环境、已经采用的技术水平以及人民的风俗习惯等因素，能够提供按人平均最大收益的人口数量。面对当时人口城市化所出现的各种问题，他又提出了能使居民获得高生活水平的“适度密度”问题。美国人口学者费伦奇（J. Ferenczi）在《人口的综合适宜》（1938 年）中把适度人口研究扩展到人口质量，提出了人口的“适度质量”概念，主张用适度的人口数量和质量，应能使每人获得最高的人均收入，并保证社会的和平与幸福。

当代适度人口论的主要代表人物是法国著名人口学家阿尔弗雷·索维（Alfred Sauvy）。他在 1952 年出版的《人口通论》中，一方面继承前人从经济学的角度分析“适度人口”的传统，另一方面把“适度人口”的概念扩大到非经济领域，考察许多非经济的社会因素同人口增长的关系。他认为：“适度人口也就是一个以最令人满意的方式达到某项特定目标的人口。”在这些目标中，首先应当考虑个人福利，所以要着重考察“经济适度人口”。索维所说的“经济适度人口”是指在最有利的条件下达到最高生活水平的，即最高的按人平均产量和收入的人口，也就是获得最大经济福利的人口。他比坎南等人前进一步的地方，是考察了技术进步等经济增长变量对“适度人口”的影响，提出了人口“适度增长”的概念，由“静态适度人口论”推向“动态适度人口论”。通常所谓“静态适度人口”，是指假定在生产技术、经济结构、物质资源、产品分配、年龄构成、工作日等条件不变，并且充分就业，又没有国际贸易和移民的情况下，按照一定的经济标准所确定的最适合的人口。而所谓“动态适度人口”，是指假定在生产技术、经济结构、物质资源、产品分配等条件发生变动的情况下，按照与经济增长有关的经济标准所确定的最适合的人口；主要研究在生产技术等条件发生变动的情况下，人口增长率同经济增长或社会福利增长的关系。索维还提出了“实力适度人口”，即一个国家达到最大实力时的人口。“最大实力”随边际产量和生活水平而变动，当边际产量刚好超过最低生活水平时的人口，就是一个国家的“实力适度人口”。一般情况下，一个国家的实力目标和经济目标是一致的，但是执政者往往为了达到自己的政治和军事目的而要增加人口，认为随着人口数量的增长，国家的实力也会增长。所以，索维断言“实力适度人口永远高于经济适度人口”。在索维看来，重要的是精确计算“适度人口”。只有对它做定量分析，才能知道实际人口低于还是高于“适度人口”，即一个国家是人口不足还是人口过剩。索维还认为，要改善人口的现状，必须缩小适度人口与实际人口之间的差距。和一些马尔萨斯主义者解决人口过剩问题的主张不同，索维认为，如果人口过剩，除非有可能向外移民，否则最好是提高适度人口，而不是减少实际人口。办法是增加就业机会，而不降低个人效率和福利。他提出了人口上限和人口下限的概念及其制定办法，界定了人口过剩的内涵及其表现特征。他还具体定量地计算出法国适度人口约在5000万~7500万人。

经济学家科尔（A. Cole）和胡佛（H. Hoover）提出从人口增长和经济发展宏观模型出发，来确定最佳人口规模的理论。根据科尔和胡佛的理论，可以把人均收入与人口规模看成函数关系，在一个国家的特定时期内，当非劳动资源的供给不变时，存在一个能使人均收入最大化的人口规模，这一规模就是最佳人口规模；与之相适应的人口，就是适度人口。适度人口并不是固定的，当资本积累、技术进步和新的自然资源获得开发时，人均收入的增加和最佳人口的扩大就会同时出现。

由此可见，适度人口概念是指当一个国家或地区的劳动力恰好能够最充分地利用本国可获得的资源时的人口，或当某国在一定条件下达到最高生活水平时的人口。适度人口概念与人口承载力有关，它展示了人口与经济、资源、环境的关系。适度人口思想包括三个方面的内涵：一是适度人口是人类追求的人口与经济、资源和环境关系的理想状态，其标志是人口充分就业、平均生活水平高、均衡的人口构成和丰富的资源（潜力）等，是人口与经济、资源和环境的高度平衡关系；二是适度人口是一个弹性的概念，强调人口与经济、资源和环境的关系的可变性，即不同的技术水平下有不同的适度人口；三是适度人口是一个相对概念，它是相对于经济、资源和环境而言的。适度人口理论认为，任何一个城市和地区都存在理想的人口规模和结构，因此人口调控是必须的。当人口过多时需要进行调节达到适度人口，当人口过少时需要进行干预，从而实现适度人口。适度人口理论不仅表达了人口调控的必要性，而且指明了人口调控的目标，尽管适度人口很难界定和测量。不过，适度人口理论更多从人口数量调控出发，而对人口结构调控关注不够。

2.3 产业结构和就业结构相关理论

2.3.1 产业结构理论的形成

威廉·配第（William Petty）研究发现，不同的产业之间存在着收入差异，而这种收入上的差异驱使着劳动力从收入低的产业部门流向收入高的产业部门。柯林·克拉克（Colin G. Clark）在威廉·配第研究的基础上进而发现，劳动力在不同的产业之间存在差异：随着人均国民收入的增加，劳动力先从第一产业转移到第二产业，再向第三产业转移。其结果是第一产业劳动力就业人口不断减少，第二、三产业的就业人口不断增加。配第和克拉克两人的研究成果被称为“配第—克拉克定理”。这个定理揭示了产业结构与劳动力就业结构之间的关系，描述了劳动力在产业之间的流动方向和趋势上的变化，但是对变化的“量”的程度的度量未进行系统的研究。

2.3.2　产业结构演变规律及其对就业结构的影响

(1) 库兹涅茨“产业结构变动趋势分析”

西蒙·库兹涅茨（Simon Smith Kuznets）在配第—克拉克定理的研究基础上，在《各国的经济增长：总产值和生产结构》一书中，通过对发达国家和发展中国家的大量数据资料分析，从国民收入和劳动力在产业间的分布两个角度对产业结构升级和劳动就业的关系进行了进一步的研究。他认为第一、二产业吸纳劳动力的能力下降，劳动力比重持续下降，而服务业等第三产业部门吸纳劳动力的能力较强，劳动力比重持续上升。第一产业得到的国民收入占整个国民收入的比重和农业劳动力所占的比重都在下降。第二产业国民收入的相对比重增加，而劳动力的相对比重大体保持不变。第三产业的劳动力相对比重基本是增加的，但其国民收入的相对比重和劳动力的上升趋势不一定是同步的。库兹涅茨采用统计分析的方法研究产业结构和就业的关系，得出了关于国民收入和劳动力在不同产业间分布结构的演变规律的产业结构论（见表2.1）。

表 2.1　库兹涅茨工业化三个阶段及其结构标准

经济发展阶段	人均收入水平（1985 年，美元/人）	三次产业结构（%）	城市人口占总人口的比重（%）	劳动力在三次产业中的比重（%）
工业化前的准备阶段	100 以下	49. 8∶22. 8∶27. 4	22. 9	80. 5∶9. 6∶9. 9
	100～199	32. 7∶28. 6∶38. 7	32	63. 3∶17. 0∶19. 7
工业化的实现和经济高速增长阶段	200～349	33. 7∶29. 0∶37. 3	36	46. 1∶26. 8∶27. 1
	350～574	15. 1∶39. 4∶45. 5	49. 9	31. 4∶36. 0∶32. 6
	575～999	14. 0∶50. 9∶35	65. 8	
工业化后的稳定增长阶段	1000 以上	—	68. 2	17. 0∶45. 0∶37. 4

（2）钱纳里的产业结构和就业结构标准模型

美国经济学家钱纳里（Hollis Burnley Chenery）利用第二次世界大战后发展中国家，特别是其中 9 个准工业化国家（地区）在 1960—1980 年间的历史资料，建立了多国模型，利用回归方程建立了 DGP 市场占有率模型，提出了标准产业结构。标准产业结构，即根据人均国内生产总值，将不发达经济到成熟工业经济整个变化过程划分为三个阶段六个时期，从任何一个发展阶段向更高一个阶段的跃进都是通过产业结构转化来推动的。

工业化阶段理论通过具体的数字将工业化发展阶段定量化、标准化以及结构化，这为分析和评价不同国家或地区在经济发展过程中人口和产业结构组合提供了参照规范，同时也为不同国家或地区根据经济发展目标制定人口和产业结构转换政策提供了理论依据。正是因为这样，工业化阶段理论成为人口调控的指南性理论，不仅指明了人口调控的主要抓手，即通过产业调控将人口和产业协调，而且将人口调控引向人口结构调控，直指人口调控的核心。

工业化阶段理论指明了人口调控的本质即经济调控。因为人口调控的主体是从业人员的调控，与经济发展阶段是紧密相关的。通常，在工业化初期，占据主导地位的劳动密集型产业需要大量低端劳动力，这时流动人口规模效应明显；在工业化中期，占据主导地位的知识、技术与资本产业需要更高素质的劳动力输入，这时规模效益下降，结构效应凸现；而在工业化后期，知识密集型产业占据主导，这时大量低端素质的劳动力成为负担或多余，而高端劳动力成为输入主体，这时流动人口结构的优化调控流动人口规模（见表2.2）。

人口调控的经济阶段理论表明，首先，人口调控要与产业发展紧密结合，尤其要根据产业结构的变化合理调控人口。其次，人口调控不能光追求规模的递减，忽略了人口结构效益；而要实现人口结构效益，往往离不开对人口规模的适度调控。因此，人口调控是规模和结构的辩证统一。人口调控既要做好“减法”，控制规模；又要算好“乘法”，提升素质，实现规模、质量、效益协调统一（嘎日达等，2009）。

表2.2　钱纳里的工业化阶段划分

收入水平（美元/人）				时期	阶段	
1970年	1980年	1990年	2000年			
140～280	280～560	448～896	574～1148	1	第一阶段	初级产品生产
280～560	560～1120	896～1792	1148～2296	2	第二阶段	工业化初期
560～1120	1120～2240	1792～3584	2296～4592	3		工业化中期
1120～2100	2240～4480	3584～6720	4592～8610	4		工业化成熟期
2100～3360	4480～6720	6720～10750	8610～13776	5		工业化发达期
3360～5040	6720～10080	10750～16128	13776～20664	6	第三阶段	发达经济

资料来源：H. 钱纳里等《工业化和经济增长的比较研究》

2.4 流动人口的居留意愿

针对流动人口的居留意愿，学术界已做了大量的研究，基本上是把流动人口意愿内部作为一个均质的整体进行研究。但事实是，随着城镇化率在 2011 年跨过 50% 的拐点之后，城镇化进程已呈现出减速的趋势。2012 年以来外出农民工规模增幅急剧下降，与此同时，多地数据显示，外来人口的市民化意愿下降。新形势下，分析流动人口内部在居留意愿上的分化十分必要。

周元鹏（2010）利用 2009 年在温州市进行的人口结构变化专项调查资料，采用数据交叉分析方法对流动人口居留意愿的分化进行了描述分析，并对流动人口居留意愿进行了影响因素分析。结果表明，大部分流动人口并无在流入城市长期居留的打算，但滞留趋势明显；打算返乡的流动人口比重较高，呈现非永久居留态势；回归结果显示，不同性别、年龄、文化程度、户籍、婚姻状况、职业、家庭状况的流动人口在长期居留意愿上存在显著差异。

从居留意愿的影响因素来看，学术界主要从个人、经济、社会、制度四个层面分析对流动人口居留意愿的影响。

2.4.1 个人因素与流动人口居留意愿

学术界考察的个人因素对流动人口居留意愿的影响包括年龄、性别、受教育程度、职业、住房状况等方面。在 1999 年有学者对苏州和无锡两地流动人口的研究表明性别、文化程度等个人特征是影响流动人口居留意愿的因素（张杭、奕敬东等，1999）。王春兰通过对上海闵行区流动人口的分析认为年龄、性别、来到流入地时间的长短对流动人口居留意愿的影响显著（王春兰、丁金宏，2007）。但是也有学者提出了反对的意见，熊波等以深圳市为例，研究了农民工居留意愿的影响因素，其中年龄、性别、受教育程度的影响并不显著，而职业、收入、住房状况等社会特征影响显著（熊波、石人炳，2007）。

从年龄结构上看，相比老一代流动人口，新生代流动人口的居留意愿更强烈。从人力资本的角度看，“年轻人具有较长的未来时期，他们能够在这较长的居留时期当中使自己的投资得到补偿。”从性别角度看，随着女性受教育程度的提高，她们已经成为流入地劳动力市场的重要组成部分，在家庭决策中发挥着越来越显著的作用（肖艳萍）。有研究表明，相当多农村女性有较为强烈的留城定居意愿，特别是那些教育程度高、年纪轻的未婚女性，她们的留城定居意愿最为强烈（苏群等，2005；徐程嫒，2009）。此外，女性更加重视现代城市的生活方式，并试图通过外出打工寻找情感和婚姻机遇以提高自身的经济和社会地位（吴兴陆、元名杰，2005）。从婚姻情况看，胡玉萍（2007）在对北京市流动人口居留意愿的研究中指出，相对于未婚者，有配偶和离异、同居、丧偶者打算长期居住北京的发生比分别高 2.3 和 2.8 倍。任远（2003）等在对上海流动人口的研究中指出，与本地人发生异地婚姻的人口具有较强长期居留倾向。从受教育情况看，已有的研究也指出，较高受教育水平形成的人力资本是促进城市农民工选择持久性迁移的重要因素。受教育程度对某些城市的流动人口产生了一定影响，在蔚志新对五城市的研究中指出，北京市流动人口拥有大专及以上学历的比例为最高，具有初中文化水平的比例为最低。尽管成都市流动人口的受教育程度构成与郑州市和苏州市的相似，但其受教育程度对其居留意愿的影响与北京市接近，即受教育程度为大专及以上者较初中者具有更强的居留意愿。从职业情况看，比起那些从事蓝领职业的流动人口，从事白领职业的人居留城市的倾向更高（任远、戴星翼，2003）。蔚志新（2013）对五城市的研究进一步指出，“北京市以从事其他行业和批发零售业为主，郑州市和成都市以从事批发零售业和社会服务业为主，而苏州市和中山市以从事制造业和批发零售业为主。与从事制造业者相比，五城市从事批发零售业者具有较强的居留意愿；此外，在北京市、郑州市和苏州市从事其他行业者、在郑州市从事社会服务业者、在苏州市从事住宿餐饮业者的居留意愿也较强。”从住房状况看，拥有自购房者更具有居留意愿（任远、戴星翼，2003）。这在蔚志新（2013）的五城市流动人口研究中得到了相同的印证。此外，随着举家迁移的趋势越来越明显，家庭型流动的流入者更有可能在城市长期居留下来，特别是子女随父母共同迁移到城市的，其长期居留的倾向性更高（任远、戴星翼，2003）。越来越多的学者开始关注流入时间的累积对居留意愿的显著影响。章峥（2006）研究表明外出工作年限对在流入地的居留意愿也有较为重要的影响。流动人口在流入地的居留时间越长，居留意愿越强烈（王广州等，2000）。外出时间每增加一个时间段（ < 1；1 ~3 ；3 ~5 ；5 ~10 ； > 10 ，单位：年），流动人口打算长期居住北京的发生比增加 7 % （胡玉萍，2007）。

2.4.2 经济因素与流动人口居留意愿

经济因素是影响流动人口居留意愿的直接因素。收入毫无疑问成为衡量经济因素的主要指标。从个人收入层面上讲，在流入地的收入相比在家乡的收入提高越多，流动人口的居留意愿也就越强(张杭、架敬东等，1999)。从家庭收入层面讲，每月家庭节余的钱越多，今后留在城市发展的意愿越强烈（王春兰、丁金宏，2007)，胡玉萍在对北京市流动人口的居留意愿研究中指出，家庭每月总收入每增加500元，打算长期居住北京的发生比增加10.2%。鉴于流入地的生活方式与流动人口流出地的生活方式不同，消费水平也较流出地高，因此流动人口的储蓄倾向更能反映经济因素。任远等用每月的储蓄额与家庭收入之比来测量储蓄倾向，储蓄倾向越强，长期居留倾向越低，因为有储蓄倾向的人口往往是选择短期在外打工赚钱的，他们最终的选择是回家，因此他们可能尽量节约开支。而那些接近当地人消费习惯的流动人口对消费和服务的需求相比有回迁倾向的人要大，在生活方式上更适应当地生活，长期居留倾向较高。

2.4.3 社会因素与流动人口居留意愿

近年来，国内也有学者将流动人口迁移动机划分为生存型和生活型。生存型动机是指流动人口之所以外出是迫于生计的考虑，因此其迁移也主要从经济利益和生存需要来考虑（如上所述)。有的学者通过研究已经发现，经济因素中收入的多少、流出地经济状况和家庭经济状况对留城决策的影响并不显著，农民工的居留意愿远非最初做出迁移决策时以经济利益为目的那么简单，考虑更多的是非经济因素（曾旭晖、秦伟，2003；和丕禅、郭金丰，2004）。生活型动机是指流动人口外出更多的是追求一种生活方式或为了提高整体生活水平，而非仅仅是出于经济利益和生存的考虑。例如，通常流动人口在流出地获得社会流动的机会较少，而流入地的社会资源和发展空间更多，职业流动和社会流动的机会也越多。而且，城市流动人口更希望他们的子女获得更好的社会地位，通过的途径即是获得更多的教育资源和机会，这在许多学者的研究论述中得到证明。在胡玉萍对北京的流动人口居留意愿研究中，相对于有未成年子女准备在京上学者，没有子女准备在京上学的，打算在北京长期居住的发生比下降了 48 %（胡玉萍，2007）。蔚志新（2013）在对 5 城市流动人口的研究中指出，在对待本地生活方式的态度上，随着接受程度的增高，除苏州市外的其他 4 城市流动人口的居留意愿趋于更加强烈。具体而言，完全接受本地生活方式者较不接受甚至排斥者具有更强的居留意愿。相关研究也表明，农民工对城市生活、社会文化环境等方面的满意度越高，则迁移意愿，特别是持久性迁移意愿也就越强。是否关注社区集体活动对除北京市外的其他 4 城市流动人口的居留意愿产生一定影响，关注社区集体活动者较不关注者具有更强的居留意愿。上述研究也表明，经常参与社区活动对流动人口户籍迁移有显著影响。是否愿意融入本地人当中对除成都市外的其他 4 城市流动人口的居留意愿产生一定影响，愿意融入本地人中的流动人口其居留意愿较不愿意者更为强烈。

2.4.4 制度因素与流动人口居留意愿

户籍制度对我国流动人口的影响可谓根深蒂固，对城市的很多外来人口来说，与户籍制度相关的各种社会福利和保障制度，包括养老保险、医疗保险、住房公积金等以及子女入学问题都给他们的生活带来诸多限制和不便之处，成为他们融入当地生活的一道巨大的鸿沟。户籍制度仍然是中国最主要的制度结构，它在总体上改变了一般自由市场经济下劳动力流动的通常规律（李强，2003）。朱宇肯定了户籍制度对流动人口居留意愿的影响，但是他也指出这种影响是有限的，只是改变了部分流动人口的居留意愿（朱宇，2004）。

流动人口在京生活考虑的主要因素是经济问题吗？在胡玉萍对北京流动人口迁移意愿实证分析中，通过询问北京最具吸引力因素发现，只有14.2％的人选择了挣钱多，而选择发展机会多的人占到了33％，再加上选择可以开眼界见世面、能学技术长本领的，三项合计超过60％。也就是说，超过一半的流动人口在北京生活主要是追求现代城市生活，主要看重的是由此带给他们的各种机会和技能的增长，而不是单纯地为了生存。对另一个问题的调查也从反面印证了这一点。根据调查，流动人口在北京生活遇到的最大困难是生活费用高，远远超出选择其他项目的比例，其次是竞争激烈工作难找、居住条件差。尽管如此，由于其在京生活最看重的不仅仅是经济因素，而是现代化的城市生活，因此北京对他们依然具有很大的吸引力。

中国长期存在的城乡二元经济结构，导致城乡差异扩大的结果。

这种差异不仅反映在经济收入方面，也反映在医疗、教育、住房、文化娱乐等社会生活服务设施方面和就业、退休、失业保险、劳动保护、社会救济等社会保障方面，以及由于物质文化生活差异所导致的城乡居民在生活方式、价值观念、人文素质和社会心理的差异等方面。经济收入差异构成了农村劳动力向城市迁移的首要因素，同时，城乡社会文化差异也是影响流动人口流动和迁移意愿的重要因素。尽管他们中有一部分人最初外出时首要考虑的是解决贫困问题，但是随着时间的推移，随着物质生活条件的改善和对城市生活方式的了解，这种因素在影响其迁移意愿中的作用在下降。因此，流动人口之所以选择北京为其生活和工作的地点主要是满足了其生活型为主导，兼顾生存型迁移动机的需要。

2.4.5 流动人口居留意愿影响因素的地区差异

上述实证研究是对全国流动人口或是某一地区流动人口的居留意愿的影响因素进行分析。但是通过比较和分析，我们发现，流动人口居留意愿的影响因素在不同地区存在差异性。例如，一项 2006 年调查数据显示，北京市流动人口的受教育程度对居留意愿影响不显著（胡玉萍，2007），但一项 2007 年的调查数据结果显示，苏州和上海流动人口的受教育程度对居留意愿影响显著，且存在正相关关系。

基于以上认识，蔚志新（2013）通过对全国五城市（北京、成都、郑州、苏州、中山）流动人口动态监测调查数据的分析，提出并验证了以下假设：流动人口居留意愿的影响因素存在地区差异。来自家庭、社区和社会三个层面的因素，如就业行业类别、住房状况、有无需要解决本地户口、对待本地生活方式态度、关注社会集体活动、愿意融入本地人当中等因素对五城市流动人口的居留意愿均影响显著；而个人层面因素对不同城市流动人口的居留意愿的影响存在差异。也就是说，流动人口的居留意愿在个体层面的影响因素的差异性是由地区差异造成的。此外，家庭、社区和社会层面的个别因素，如同住家庭成员人数、考虑孩子接受教育、日常和谁来往和参加社会保险等，对不同城市流动人口的居留意愿的影响存在一定的地区差异。

研究进一步指出，五城市之间区位功能性质、社会发展水平和流动人口居留意愿构成、个体家庭特征等方面因素的差异，是五城市流动人口居留意愿影响因素存在地区差异的原因。基于以上结论，该研究对五城市进行了归类。北京市作为特大城市单列一类，具有流动人口居留意愿较高、居留时间最长、受教育程度最高、就业行业以其他行业和批发零售业为主的特征，同时，居留意愿受到所有层面诸多因素的影响。成都和郑州归为一类，属于省会级大城市，具有以下特点：流动人口的居留意愿最高，平均居留时间最短，就业行业以批发零售业和社会服务业为主，两城市流动人口居留意愿受到家庭、社区、社会三层面因素的影响较为一致。苏州和中山为一类，在本省内属于社会经济发展水平较高的中等城市，具有以下特点：流动人口中有居留意愿的比重较低，就业行业以制造业为主，居留意愿的影响因素类似，即来自个人层面的较少，来自家庭、社区、社会三个层面的较多。

2.5 人口调控的实证研究

学术界对人口调控的实证研究主要通过对社会经济发展与人口规模的动态平衡关系的探讨展开。世界银行《世界发展报告 2009》清晰地描绘了 21 世纪以来世界范围内的人口聚集和城市化过程。城市的持续发展和不断扩张的动力来自伴随着人口规模膨胀而不断提升的经济效率（胡光宇等译，2009）。埃尔·莎科斯（E. Shaks）也认为，城市规模的发展与经济发展时期的变化是相关联的。因此，相应的经济发展阶段，城市的均衡发展需要产业布局与就业需求、人口规模及特征相适应。都阳等（2013）通过对中国与世界上其他发达国家的典型国际大都市在城市产业布局、就业、人口聚集方面一般规律和特征的比较分析，解释了相应经济发展阶段城市人口规模、产业分布与就业结构的关系。研究表明：一是国际大都市的产业结构分布中，服务业对城市经济增长的贡献占绝对优势，而制造业等其他产业比重平均水平接近 10% 左右；二是国际大都市各产业的就业结构与产业分布基本一致，服务业就业比重对城市就业贡献份额最大，并且与其产业分布保持一致；三是国际大都市的产业分布集中在生产率较高的行业；四是国际大都市服务业内部高端服务业与低端服务业的产值与就业的关系表现为：高端服务业产值比重高但就业比重相对少，而低端服务业的产值比重低但就业比重高。

就中国目前经济发展状况而言，中国经济即将迎来刘易斯拐点，人口红利逐渐消失，人口即将通过对生产要素相对丰裕程度的影响，改变劳动和资本的相对要素价格和投入（蔡昉，2007）。因此，经济发展阶段的变化将导致产业结构及其布局根据要素相对价格发生变化，而这将会使城市劳动年龄人口就业结构和规模随之发生变化。根据东京跨越刘易斯转折点后的城市发展，可以发现，产业布局的变化产生的劳动力需求变化促进了就业人口结构的优化，带来相应的人口流动规模的变化（都阳，2013）。

针对大都市产业发展与人口流动和规模的特点和启示，都阳（2013）指出：（1）人口结构及其规模与经济发展过程有密切的关系，经济发展和经济结构的变化必然会影响人口转变的过程和人口结构的变化，随着一个国家经济发展的刘易斯拐点的到来，经济结构即产业结构及其布局将会根据要素相对价格发生变化并不断调整，直至达到稳定状态；（2）随着产业结构的调整，对于完成工业化的国际性大都市，劳动年龄人口的产业间分布将会随之发生变化，城市就业人口结构变化表现为第二产业劳动人口的迅速减少和第三产业劳动人口的迅速增加；（3）国际大都市的人口规模总量普遍巨大，人口总量比重和劳动年龄人口比重明显高于所在国家的平均水平。针对发达国家大都市产业发展、就业需求与人口规模变动的规律对中国的启示，都阳（2013）指出，以北京为例，目前正处于产业结构和布局不断调整的时期，这将产生劳动力需求的变化，带来就业人口和人口流动及规模的相应变动。同时，由于高端服务业和低端服务业对劳动力需求存在显著差异，将进一步导致劳动年龄人口规模及流动发生变化。

此外，就产业结构发展与流动人口就业之间的关系来看，产业结构对外来人口总量的影响大多是通过观察和经验判断。从理论逻辑上讲，区域产业结构决定了本地劳动力市场对劳动力的需求，从而影响了当地的劳动力结构。具体到某个城市的人口调控而言，城市的产业发展为大量的外来人口提供了就业机会，导致大量外来人口涌入，随之而来的劳动迁入的外溢效应，带来了更多的劳动力和非劳动力人口的涌入。翟振武（2012）根据第六次全国人口普查的数据计算，每个外来人口就业平均带来 1.36 个外来劳动力（包括自身）。因此，产业发展和就业人口存在某种互动关系，最终实现对人口规模的影响。

从产业结构对流动人口数量的影响来看，虽然从逻辑上讲，流入地的产业发展带来了劳动力需求，对流动人口产生拉力，引起外来劳动力的涌入，但这种关系是否有真正的数量关系，如何研究这种数量关系是需要考虑的。王新华、戴维周（2006）收集了全国和四大经济板块（东部、东北、中部和西部）的产业比重、增长率和流动人口的数据，对产业布局和人口流动之间的相关关系进行了分析。结果表明两者的相关性普遍较高，第三产业产值的关联度以及显著性水平都高于产值增长率，说明人口流动更多考虑的是产业规模而不是发展速度。但不同板块的相同产业与人口流入的关联度差异却很大。此外，研究还提出可以借助四大经济板块产业结构不同的特征，增强互补，借助市场机制、合作机制、互助机制和扶持机制，实现四大区域的协调互动和优势互补，使人口流动更加合理有效。

陈剑、庞丽华、闫萍（2012）利用近 30 年的产业结构数据和就业结构数据，通过计算得到北京市三次产业的产业结构与就业结构之间的相关系数，依次为 0.555、0.82 和 0.963，验证了产业结构与就业结构之间存在比较密切的联系。同时，通过对偏差分析，发现北京三次产业的产业结构与就业结构之间的发展并没有保持相对一致的步伐。特别是农业部门拥有大量的劳动力需要进行转移，其产值与就业结构之间的偏差非常大。2000 年以后，商业的产业结构与就业结构之间开始保持相对一致的步伐。

沈琴琴、张艳华（2010）计算了北京市 1998—2008 年各产业平均就业弹性系数，他们指出，北京近年来就业增长保持在较高水平，弹性系数达到 0.28，与全国平均水平渐渐存在比较大的差异，1998—2008 年创造了数百位的就业岗位并吸纳了大量外来人口。尤其是第三产业增长态势迅猛，但传统服务业所占比重偏大，产业结构和发展方式与国际大都市相比差距较大。2006 年，纽约市金融与保险、房地产、租赁业与专业技术服务业等占全市总产值的 42% 以上、第三产业的 46.1%；同年，伦敦市金融中介、房地产、租赁和商务活动产值占到全市总产值的 48% 以上、服务业的 54%。而 2007 年北京市金融、房地产、租赁和商务服务业仅占全市总产值的 26.5%，占服务业的 36.3%。第三产业内部结构和水平较低，从一定程度上导致了流动人口在低端服务业就业，大部分的人都聚集在批发零售、住宿餐饮以及其他比较典型的服务业，另一方面也限制了第三产业的优化升级。

2.6 特大城市人口调控手段回顾

特大城市的人口调控问题一直都是当地政府和学者们关注的议题，为了应对城市人口过快膨胀带来的“城市病问题”，北京、上海、广州曾采取了行政、经济等多种人口调控手段。总体上看，随着流动人口管理理念的转变，三地的人口规模调控政策经历了一个从注重行政调控手段向注重经济发展引导作用转变的过程。

以北京为例，早在第一个五年计划时期，北京就致力于控制人口规模的工作。尤其是近年来，随着流动人口规模、结构上的变化，北京市政府采取了多种措施应对人口压力和挑战。北京市主要采取了“以产引人”“以证控人”“以房管人”的人口调控模式，主要做法是在产业发展上，提高各类市场的准入门槛，对吸附大量流动人口的小企业实行清理；在证件管理上，对农民工按工期办暂住证；在房屋销售上，提高开放档次标准，对非本地户籍人员的购房资格实施限制措施（陆杰华等，2014）。这些措施在短期内起到了显著的效果，但是，随着措施在全市范围的推广和时间的推移，引起了很大的争议。主要原因是这种对本地户籍人口和非本地户籍人口区别对待的做法存在明显的户籍歧视，与我国流动人口管理理念也不相符。

随着人口调控和流动人口管理理念的转变，政府逐渐改变了单一的行政性的强制手段对流动人口规模进行调控，而探索以经济手段引导流动人口的合理有序流动。《管理条例》的废止以及“以产引人”“以证控人”“以房管人”模式效果的弱化就是这一转变的力证。《北京市十二五规划纲要》中提出，“转变经济发展方式是人口规模调控的根本途径，要把控制人口无序过快增长作为经济发展的重要原则”。未来北京将积极推行行政手段和经济手段相结合的流动人口管理模式。

此外，北京市顺义区流管办在结合顺义地区特点的基础上，探索出一条独具特色的流动人口调控模式，并取得了显著的流动人口调控效益，对全国各大中城市的流动人口调控具有重要的启发和借鉴意义，其主要经验表现为以下几点：

（1）以“以产引人”为思路，将产业政策作为流动人口调控的指挥棒。随着经济快速发展，顺义区政府敏锐地觉察到产业政策在流动人口调控中的“指挥棒”作用。顺义流动人口调控的思路是“清低引高”，即清理或限制低端产业发展，抑制低素质流动人口流入，而发展“高端、高效、高辐射力”产业，吸引高素质人才流入，从而实现人口产业结构的高度化，整体上提升人口产业结构。

（2）以“以岗控人”为切入点，逐步减少就业岗位对流动人口的需求。流动人口能否长期居住，就业是关键。控制了就业岗位，就等于控制了流动人口。因此，从就业岗位入手能有效地调控流动人口规模，优化流动人口结构。顺义“以岗控人”主要体现在两方面：一方面是大力促进本地劳动力充分就业，合理调控和逐步减少外源性普通就业岗位；另一方面是积极引进符合顺义发展需要的高素质外来人才。

（3）以“以房管人、以证控人”为落脚点，将流动人口调控落到实处。在“以房管人”方面，顺义区摸索出了“四集中”的新模式，即集中居住、集中管理、集中服务、集中教育。而关于集中居所的建设和管理，顺义区政府采取三种方式：一是企业自建，自我管理；二是地方投入，统一管理；三是社会投资，协调管理。此外，作为传统流动人口调控的核心方式，以证控人在提供相关服务上依然奏效。顺义区严格按照相关法律法规的规定，要求流动人口在京居住、工作和生活需要办理暂住证，育龄妇女需持有婚育服务证，流动人口从事个体工商业需办理营业执照，流动人口子女入学须查验“五证”等，充分发挥证件的调控职能。

（4）以健全调控管理体制为基石，扎扎实实做好调控管理体制建设。顺义区在流动人口调控上突出特征就是流动人口调控管理体制健全且高效。顺义区流动人口调控管理体制分为“决策层”“协调层”“执行层”，其中，区委和区政府以及流动人口和出租房屋主管领导属于决策层，区流动人口和出租房屋管理委员会属于协调层，区流动人口和出租房屋管理委员会办公室及其下属成员单位属于执行层。

（5）以创新为动力，敢于开创流动人口调控新局面。顺义在流动人口规模调控上的成功之处在于工作思路和工作方法上的不断创新。在工作思路上的创新有：制定了适合本地区的流动人口调控总方针；发挥了产业政策在流动人口调控中的“指挥棒”作用；提出了优化人口产业结构的调控目标，更注重流动人口的结构效应；将“以岗控人”作为流动人口调控的切入点，抓准了流动人口调控的“源头”。在工作方法上的创新体现为：提出了“四集中”管理方式，将流动人口调控落到实处；提出了“村企联管”工作模式，充分发挥了企业在流动人口调控中的作用。

自 2005 年以来，顺义区政府在流动人口规模调控上取得了明显成效，不仅流动人口规模得到有效控制，而且流动人口结构也得到合理优化，实现了流动人口规模效益和结构效益的有效统一。更为重要的是，流动人口规模调控的实施还有效地推动了流动人口服务管理水平，为顺义经济发展、城市建设和社会发展创造了一个良好的人口环境。

从上海的人口调控政策来看，先后采取了户籍管理政策、房屋管理政策、产业调控政策应对日益严峻的人口压力。其中，户籍管理政策包括出台了一系列的政策法规：《上海市外来寄住户口管理暂行办法》《上海市暂住人口管理规定》《上海市居住证制度暂行规定》《上海市居住证暂行办法》《上海市居住证暂行规定》《上海市居住证积分管理试行办法》等。最近，随着户籍制度改革的推进，上海市形成了以居住登记为主线，以就业保障、卫生计生服务、房屋租赁为依托的居住证制度。房屋管理政策方面，自 2011 年开始，上海对住房实行限购政策，对外来人口实行更为严格的限购政策，在很大程度上限制了外来人口的流入。在产业引导方面，随着上海市产业结构优化转型和城市功能的调整，由发展劳动密集型产业向现代服务业转型，加上城市空间布局的重新调整和政府对城市郊区化的推动，20 世纪 90 年代以来，上海市开始了大规模的旧城改造，城市边界进一步扩展，开始了多中心的城市发展路径，郊区人口布局也进一步优化。

从广州的现行人口调控措施来看，主要包括户籍管理政策、积分落户政策、房屋管理政策和人口分布调控政策。其中，户籍管理政策主要表现为以下内容：广州市实行户口准入条件和年度人口计划安排相结合的常住人口管理办法，建立了包括被收养类、恢复户口类、人才引进类、政策性安置类、家庭团聚类、纳税类、农迁农类等十类准入人员的积分落户体系。此外，自 2010 年 11 月 4 日起，广州市通过落户指标设置和指标分值加权实行积分落户政策，以实现人口调控。积分落户指标体系包括基本分、导向分、附加分三大类，并根据广州实际情况，设定住房、投资纳税等方面 12 项指标。

在房屋管理政策方面，广州市出台了《广州市房屋租赁管理规定》《广州市房屋安全管理规定》《关于全面推行签订出租屋流动人口计划生育责任书制度的通知》等二十多个地方性法规和政府文件，加强对流动人口的管理。依规定，流动人口可享受职业技能培训和公共就业服务，从业人员可参加本市城镇职工基本养老保险等相关社会福利。此外，广州市于2010年1月1日起实行居住登记和居住证制度，提供差别化的公共服务，成为广州市人口公共服务的技术支持。在人口分布调控政策方面，广州市人居环境城区间差异较大，中心城区人口过度集中，周边地区容量富余。近几年，广州市重点加快新城区建设，以新城区建设促进旧城区改建，以降低旧城区的人口密度，控制人口规模。同时，广州市人口发展战略积极配合以“1个主城区”和“6个副城区”为核心的新的产业布局定位，通过相关人才吸引政策，疏散主城区人口，以实现城市的空间布局与功能相协调。如广州市被划分为四类主体功能区，制定针对性强的区域发展政策，分类调控，形成以现代服务业功能为标志的八大功能区，即中央商务区、西部商贸文化创意区、南部新型商贸旅游区、东北部科技创新核心区、东部生产服务区、东南部知识创新及文体服务区、北部空港经济区和南沙海港经济区，通过产业的调整影响人口的规模和结构。

在人口调控涉及的内容上，林宝（2015）从原因、对象、内容、范围、方向、目标、思路、手段等八个方面对北京市人口调控问题进行了系统分析，并提出，北京市人口调控应该以全部人口作为研究对象，以人口分布、规模、结构为主要内容，以动态人口为调控目标，以经济手段为主，以行政手段为辅，疏解非首都核心功能。

学者们对于产业结构这一中间变量在人口调控中的作用意见已趋于一致。在产业结构优化对就业的影响方面，谭梦洁、侯国栋、吕孝天（2015）从产业结构优化的社会化过程角度研究了就业拟合，提出就业与产业结构优化相拟合的社会化思路。刘伟（2015）采用三次经济普查的数据比较对该问题展开进一步的研究。也有研究者对我国不同地区的经济增长和就业进行了研究。穆怀中、闫林林（2014）对东北地区的产业结构和就业结构的协调度进行了实证研究；赵清源（2015）研究了长三角地区的产业结构和就业结构关系；马云泽、刘春辉（2010）研究了京津冀地区产业结构和就业结构的协调发展。

然而，北京市由于城市特殊性，与全国的产业结构和流动人口就业结构均存在很强的差异性，需结合自身城市发展和人口调控过程做进一步分析。

第3章

研究方法

3.1 研究内容和框架

3.1.1 研究内容

本研究以北京、上海、广州三个特大城市流动人口为研究对象，基于城市人口增长的一般规律——城市的人口规模需要和经济发展相协调的相关理论和经验，对城市功能定位下的特大城市流动人口调控模式进行了研究，通过对特大城市流动人口的流动模式、就业特征城市的产业结构对就业结构的影响，城市的产业发展对流动人口就业的影响，流动人口居留意愿及其影响因素的分析，探讨特大城市流动人口调控的可行化方式。

3.1.2 研究理论

（1）城市化发展与人口流动。

世界城市化的历史经验表明，城市化的实质是由生产力变革引起的以产业结构变迁为标志的人口和其他经济要素从农业部门向非农业部门转移的过程。城市化发展的动力是产业结构的升级，城市主导产业的变化直接影响着城市规模和功能的变化，进而推动城市人口的增长和城市化的发展。

1975 年，美国地理学家诺瑟姆（Ray. M. Northam）将各个国家城市化进程概括成一条略微拉平的 S 型曲线，并且将城市化进程分为三个阶段：当城市人口超过 10% 以后，进入城市化的初期阶段，城市人口增长缓慢；当城市人口超过 30% 以后，进入城市化加速阶段，城市化进程逐渐加快，城市人口迅猛增长；当城市人口超过 70% 以后，进入城市化后期阶段，城市化进程停滞或略有下降趋势。

城市化水平和发展阶段在不同国家根据国情不同存在一定差异性。国内多名学者在诺瑟姆的研究基础上，用 Logistic 方程、导数原理等定量分析方法推导出城市化速度变化曲线，并指出我国的城市化已经跨过发展速度的拐点，从“加速”向“减速”转变（陈彦光，2006；陈明星，2011）。

截至 2015 年，国家统计局数据显示，中国的城镇化率达到 56.1%。也就是说，未来的一段时间内，中国的城市化发展仍然保持着快速发展态势，产业结构的升级和调整仍将继续。

（2）城市人口增长的一般规律。

城市化发展相关理论和世界城市发展历程表明：城市人口规模与经济增长有很强的相关关系，且呈现阶段性特点。因此，人口调控的目标是实现城市的人口规模与经济发展阶段相适应的均衡发展态势。也就是说，在相应的经济发展阶段，城市的产业分布及其就业分布要与人口规模及特征相适应。

（3）产业结构和就业结构的关系。

产业结构发展和就业结构的匹配度反映了社会经济发展和人口规模的协调程度。人口规模和结构的变化与经济发展阶段有着密切的联系，经济的发展和结构的变动必然引起人口规模和结构的变化（都阳，2013）。

美国经济学家库兹涅茨（Simon Smith Kuznets）把三次产业分为农业、工业和服务业。在经济发展过程中，随着人均收入的提高，农业、工业增加值占总产值的比重逐渐下降，服务业增加值占总产值的比重逐渐增加。相应地，农业和工业劳动人口占总劳动人口的比重会随之下降，服务业劳动人口比重会逐渐上升，但是产业比重的变化速度快于劳动人口比重的变化速度。而且，在工业化后期，工业对劳动力人口的吸纳力逐渐衰落，服务业成为吸纳劳动力的主导产业。

随后，美国经济学家钱纳里（Hollis B. Chenery）和赛尔奎因根据 101 个国家的数据，通过分析 130 个变量的 20000 个观察数据，描述了经济增长过程中产业结构变化规律的“标准结构”，揭示了在经济发展的不同阶段，与之相适应的不同的产业结构和就业结构（见表 3.1），为分析和评价不同国家和地区经济发展过程中产业结构的合理与否提供了参照。

表 3.1　人口调控的经济发展阶段理论

	工业化初期	工业化中期	工业化后期	
			初级阶段	高级阶段
人均 GDP（美元）	364 ~ 728 元	728 ~ 5460 元	5460 ~ 8736 元	8736 ~ 13104 元
主导产业	劳动密集型产业	劳动力与资本要素并重	知识、技术与资本相互交织	知识密集型产业

续表

	工业化初期	工业化中期	工业化后期	
			初级阶段	高级阶段
需要劳动力输入的产业	轻工纺织业	制造业和加工业	新兴技术与服务业	文化创意产业、知识经济、高新技术产业
人口流入效应	规模效应明显	规模效应下降，结构凸现	结构效应明显	
人口调控政策	引“低”为主	引“高”为主	清“低”引“高”	

注：本表综合了钱纳里等人的相关理论，人均 GDP 根据赛尔奎因和钱纳里 1989 年的标准

工业化阶段理论指明了人口调控的本质即经济调控。因为人口调控的主体是从业人员的调控，与经济发展阶段是紧密相关的。通常，在工业化初期，占据主导地位的劳动密集型产业需要大量低端劳动力，这时流动人口规模效应明显；在工业化中期，占据主导地位的知识、技术与资本产业需要更高素质的劳动力输入，这时规模效益下降，结构效应凸现；而在工业化后期，知识密集型产业占据主导，这时大量低素质的劳动力成为负担或多余，而高端劳动力成为输入主体，这时流动人口结构的优化调控流动人口规模（见表 3.1）。因此，经济发展和经济结构变动必然会影响人口转变的过程和结构变化。

（4）流动人口就业和居留意愿。

流入地对流动人口的主要拉力是就业机会，那么，流动人口的要求和抱负在很大程度上与他们的就业情况有关，他们对新环境的适应程度在很大程度上也是对工作的适应程度。鉴于产业结构和城市的人口规模是通过就业机会联系在一起的，因此，研究流动人口就业和居留意愿之间的关系尤为重要，对人口调控有重要意义。

3.1.3 研究框架

基于对以上理论和现有研究的梳理和分析，构建本研究理论框架（如图3.1）。

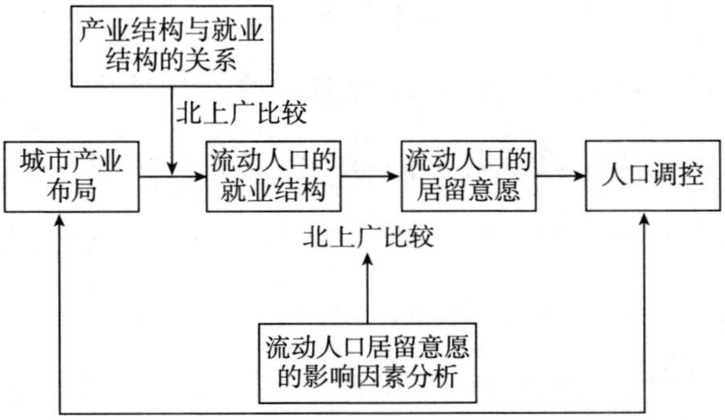

图3.1 研究框架

在本研究中，通过对城市产业布局的调整实现人口调控的目的主要包括两个重要环节。第一，基于城市产业结构和就业结构的关系，通过调整城市的产业结构，影响流动人口的就业结构；第二，基于流动人口就业结构和居留意愿的关系，通过调整流动人口的就业结构，影响流动人口的居留意愿，进而改变特大城市流动人口的规模。并且，在这两个环节中，本研究分别对北上广三个典型特大城市的产业结构对流动人口的影响特征、流动人口的就业结构对居留意愿的影响特征进行阐述，并通过比较分析总结出共性和差异性规律，最后总结出不同城市产业布局调整对流动人口居留意愿的影响模式，提出人口调控的可行化建议。

3.2 数据来源

本研究主要使用2012年的流动人口动态监测调查数据和北京、上海、广州的历年统计年鉴数据。

流动人口动态监测调查是自2009年起，连续开展多年的动态监测调查，旨在了解流动人口生存发展状况。虽然两年的问卷问题存在差异，但均覆盖了以下几点内容：流动人口的基本情况、就业与收入、基本公共卫生和医疗服务。此外，2012年动态监测调查特别加入了流动人口的生活与感受部分。

流动人口动态监测调查于2012年5月举行，调查对象为"在本地居住一个月及以上，非本区（县、市）户口的男性和女性流动人口（如针对2012年动态监测调查对象，2012年5月年龄为15～59周岁，即1954年6月至1999年5月间出生）"。两次调查均采用分层多阶段PPS抽样方法，设计上对全国和各省都具有代表性。抽样框为全员流动人口年报数据，乡镇阶段和村居的抽样由国家统一设计和操作，个人调查对象的抽选采用上下结合的方式。基层依据上级随机分配的调查组别，根据流动人口的性别、年龄、进入流动人口日常管理系统的时间等信息编制出100名备选调查者名单，再从中完成20个人的访问。数据公布方和许多数据使用者通过评估都认为，该调查在样本代表性上做了很多努力，不过，与其他流动人口数据相比，该调查数据仍然具有明显的自身系统性特征（国家人口计生委流动人口服务管理司）。

统计年鉴是由统计局编印的一种资料性年刊，全面反映国家或城市经济和社会发展情况，收录上一年城市经济和社会各方面大量的统计数据，以及历史重要年份和近二十年的地区主要统计数据，由统计局每年出版发行，是我国最全面、最具权威性的综合统计年鉴。

3.3 研究方法与变量定义

本研究主要采用定量的研究方法，使用截面数据对研究问题进行描述性和解释性分析。其中，描述性分析包括北京、上海、广州三个城市历年的产业分布、就业分布、产业结构和就业结构的协调度、行业分布变化，以及流动人口的性别、年龄结构、受教育程度、居留年限等个人基本情况和就业分布情况；解释性分析主要是流动人口居留意愿的影响因素分析。本研究对象为在北京、上海、广州三地居住一个月及以上，非流入地（县、市）户口的 15 ~ 59 周岁男性和女性流动人口，涉及北京、上海、广州总体样本量为 24583 人。其中，北京样本 5594 人，上海样本 14993 人，广州样本 3996 人。研究时，选取问卷中流动人口的个人基本情况、就业情况、社会融入情况的相关变量，利用 SPSS19. 0 软件进行统计分析。研究主要关注的是打算在本地长期居住（5 年以上）的流动人口，通过分析流动人口的居留意愿的影响因素，以流动人口调查数据中流动人口自身表达的是否愿意居留作为被解释变量，阐述流动人口的个体特征（年龄、性别、经济收入、流动经历等）和流动人口所处的行业、所在的城市产业结构特征等方面，讨论如何进行流动人口有序引导和调控。将流动人口的居留意愿作为城市化的主观因素，个体特征和社会融入特征作为控制变量，讨论流动人口就业因素对其居留意愿的影响。

3.3.1 变量描述

本研究中，回归方程涉及的因变量为流动人口的居留意愿，即问卷中的问题“您是否打算在本地长期居住（5 年及以上）”。自变量包括：①个人因素；②就业因素；③社会融入因素。

其中，关于流动人口的行业，把“制造业”“采掘”“建筑”“电煤水生产供应业”归为“工业”；把“住宿餐饮”“批发零售”“社会服务”归为“商业”；把“金融、保险、房地产”归为“金融”；把“交通运输、仓储通信”归为“交通”；把“卫生、体育、社会福利”和“教育、文化及广播电影电视”归为“教体文卫”；把“科研和技术服务”归为“科研”；由于样本量的不足和研究对象的约束，把“农林牧渔”“党政机关和社会团体”“其他”记为系统缺失。

各变量的说明如表 3.2 所示。

表 3.2　变量描述

变量名	变量说明	变量类型	变量编码
居留意愿	问卷中“是否打算在本地长期居住（5 年及以上）	分类	1 = 打算；2 = 不打算；3 = 没想好
行业分类	被调查人的就业行业归类（2012 年）	分类	1 = 商业；2 = 金融；3 = 交通运输；4 = 卫生体育社会福利；5 = 教育文化和传媒；6 = 科研和技术；7 = 工业（2012 年）

续表

变量名	变量说明	变量类型	变量编码
	被调查人的就业行业归类（2014 年）	分类	1 = 商业；2 = 金融；3 = 交通运输；4 = 卫生体育社会福利；5 = 教育/文体传媒；6 = 科研和技术；7 = 信息传输、软件和信息技术服务；8 = 居民服务、修理和其他服务业；9 = 工业（2014 年）
性别	被调查人的生理性别	分类	1 = 男；2 = 女
年龄组	调查时点被调查人的年龄分组	分类	1 = “70 前”；2 = “70 后”；3 = “80 后”；4 = “90 后”
户口	被调查人的户口性质	分类	1 = 农业；2 = 非农业
婚姻状况	被调查人在调查时点的婚姻状况	分类	0 = 已婚；1 = 未婚
教育年限	被调查人在调查时点的教育程度	连续	0 = 未上过学；6 = 小学；9 = 初中/中专；12 = 高中/大专；16 = 大学；18 = 研究生
居住年限	被调查人在调查时点时的居住时长	连续	
找第一份工作花费时间	被调查人在流入地找到第一份工作所费时间	连续	
收入	被调查人在调查时点前一个月的收入	连续	
本地养老保险	被调查人的养老保险参与情况	分类	1 = 有；2 = 无
本地医疗保险	被调查人的医疗保险参与情况	分类	1 = 有；2 = 无
喜欢现居城市	被调查人的社会融入状况	分类	1 = 赞同；2 = 不赞同
关注城市变化	被调查人的社会融入状况	分类	1 = 赞同；2 = 不赞同
愿意融入本地	被调查人的社会融入状况	分类	1 = 赞同；2 = 不赞同
觉得本地人接受我	被调查人的社会融入状况	分类	1 = 赞同；2 = 不赞同

续表

变量名	变量说明	变量类型	变量编码
觉得本地人瞧不起外地人	被调查人的社会融入状况	分类	1 = 赞同；2 = 不赞同
第三产业从业人员比重	被调查人所在地的社会经济情况	分类	1 = 75.6；2 = 56.5；3 = 53.88
第三产业GDP	被调查人所在地的社会经济情况	分类	1 = 13669.9；2 = 12199.2；3 = 8616.8
人均可支配收入	被调查人所在地的社会经济情况	分类	1 = 99.6；2 = 110.1；3 = 104.2
人均 GDP	被调查人所在地的社会经济情况	分类	1 = 87475；2 = 85373；3 = 105909

3.3.2 统计分析方法选择

（1）描述性分析。

描述性分析是对一组数据的各种特征进行分析，如年龄、性别、受教育程度、户口性质、婚姻状况、个人收入等主要分类解释变量进行列联表分析和卡方检验，以便于描述测量样本的各种特征及其所代表的总体特征。

（2）无序多分类 Logistic 回归模型。

无序多分类模型（MNL）用于分析因变量为无序多分类的情况，是 Logit 类模型的基本形式，其效用随机项 ε_i、q 相互独立且服从同一 gumble极值分布。基于概率理论，第 J 个选择项 MNL 模型可以表达成：

$$p_{iq} = \frac{exp(bV_{i,q})}{\sum_{j=i}^{J} exp(bV_{i,q})} = \frac{1}{1 + \sum_{J\neq 1} exp(b(V_{J,q} - V_{i,q}))} \quad i=1,2\cdots\cdots J$$

其中，P_i、q 表示第 i 个样本采取的 j 决策的概率。

（3）结构偏离度。

结构偏离度指标一般用来分析产业结构和就业结构之间的协调关系。产业结构偏离度的公式为：产业结构偏离度 =（三次产业产值构成百分比/就业的三次产业构成百分比）－1。偏离度指标越接近于零值，表示产业结构与就业结构协调性越好；偏离度指标越远离零值，表示产业结构与就业结构协调性越差。但是判断标准的前提是劳动力要素市场是完全的，可以无成本无障碍地自由流动，最终达到各个产业的劳动生产率等同。钱纳里、赛尔奎因等（1989）对三次产业结构和就业结构变动规律的研究，给出了对应于不同的人均产出产业结构和就业结构的比例，我们将数据带入公式可以求得相应的结构偏离度，据此观察一个国家或地区的产业结构和就业结构的协调程度。

（4）就业弹性。

弹性指两个变量之间的变化率的比率。就业弹性指经济增长 1 个百分点拉动就业增长的百分比，反映了经济增长对劳动就业的吸纳能力。三次产业的就业弹性反映了每个产业产值的上升吸纳就业的能力。就业弹性为正值时，弹性越大说明此产业的增长对就业的吸纳能力越强；反之则越弱。就业弹性为负值时，表明此产业产值的增长对劳动就业有“挤出”效应。就业弹性为零，说明此产业产值的增长对劳动就业没有影响。

3.4 研究技术路线图

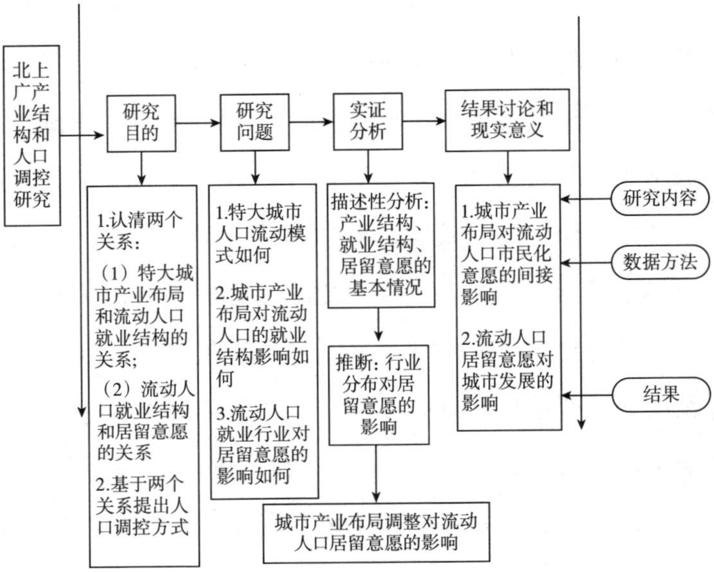

图 3.2　研究技术路线图

第4章

特大城市产业布局和流动人口就业

城市化是人口向城市集中、城市数量和规模不断扩大、城市现代化水平不断提高以及社会经济结构发生根本性变革的自然历史过程。其中，“产业结构的转换”是城市化发展的根本动力（辜胜阻、刘传江，2000）。美国城市地理学家诺瑟姆描述的城市化发展过程及其阶段性规律和中国的城市化及发展趋势研究表明，一个国家和地区的城市化发展阶段与经济发展所处的工业化和现代化发展时期相对应（Northam，1979）。城市化进程中，大城市尤其是特大城市遇到的人口问题等一系列社会问题，从根本上讲是城市经济发展和人口规模的动态失衡问题。经济发展和人口规模是城市发展的两个必要因素，城市的经济增长带来人口规模的扩张，因此，相应的经济发展阶段，城市的均衡发展是要形成产业结构分布及其就业需求与人口规模及特征相适应的格局（E. Shaks）。

未来，中国将处于城市化的“加速发展”时期，特大城市的人口规模仍将继续增长（杨真真、杨柯，2013），特大城市面临的人口压力将长期存在。因此，在未来城市化加速发展的背景下，认识特大城市人口增长规律是处理好社会经济和人口规模协调发展关系的首要任务。

首先，从特大城市人口增长的主要来源看，主要是农村向城市迁移的流动人口（段成荣、杨舸，2009；夏怡然等，2015）。

其次，从人口迁移的决定因素来看，影响人口迁移的因素主要有四个：经济因素、政策因素、个人和家庭特征及距离因素。随着改革开放的不断推进，交通工具和技术越来越发达，多项研究表明，经济因素是人口迁移的决定因素（梁明等，2003）。

最后，从我国城市化发展的动力机制来看，城市发展的主体动因是新兴产业的不断出现，夕阳产业的及时淘汰，即产业结构的调整和优化是推动城市发展的核心动力。研究表明，不同的经济发展阶段，存在不同的经济结构与之相对应，即“劳动力正常发展形势”变化规律（钱纳里、赛尔昆，1988）。也就是说，随着经济的发展，第一产业和第二产业的产出比重和劳动力比重下降，第三产业的产出比重和劳动力比重持续上升。通过对发达国家和发展中国家的发展变化过程的研究，指出发展中国家的劳动力就业结构的转变一般落后于产业结构的转变，出现劳动力就业结构与产业结构失衡的情况。这一结论不仅对于如何调整产业和就业结构具有重大的指导意义，也对分析特大城市面临的人口问题，促进城市经济和人口规模协调发展具有很强的现实意义。

因此，本研究将从北上广三个典型特大城市的流动人口基本现状、产业结构变化对流动人口就业结构的影响，以及流动人口对城市发展的影响进行比较分析。

4.1 特大城市流动人口基本状况

随着北京、上海、广州等特大城市对流动人口吸纳力的急剧提高，流动人口的规模和在常住人口中的比重都迅速增加，流动人口已经成为常住人口增长的主要来源（段成荣、杨舸，2009；夏怡然等，2015）。以北京为例，自 1995 年开始，在人口增长规模上，北京市常住人口增量自 1994 年的 13 万人，急剧上升至 126.1 万人。其中，流动人口的增长量自 1994 年的 2.4 万人激增至 117.6 万人，占常住人口增长量的 93.26%。而 1995 年户籍人口的增长量仅为 8.5 万人，仅占常住人口增长量的 6.74%。此后，北京市流动人口的增长量一直居高不下，曾一度在 2000 年和 2010 年达到 98.7 万人和 90.5 万人。虽然在 2010 年之后，随着越来越严苛的人口政策，北京市流动人口增量逐年递减，与户籍人口增长量差距越来越小，但是流动人口的增长是常住人口增长主要来源的发展趋势并未改变。因此，有必要对特大城市人口增长的主体——流动人口的基本现状进行描述和分析。

本研究将从年龄、性别、来源地、受教育程度、婚姻状况、居住区域、居住年限等方面对北上广三个典型特大城市的流动人口基本状况进行描述和分析。

从年龄结构上看，北上广三地流动人口集中在 25~34 岁的较低年龄人群，占全部流动人口的 40% 左右，从 40 岁开始，流动人口比重开始急剧下降，45~49 岁组人群不足 9%，50~54 岁组人群不足 4%，55~59 岁组最低，不足 3%（见表 4.1）。

表 4.1 三地流动人口年龄分布（%）

年龄组	北京	上海	广州
15~19 岁	5.5	6.5	3.5
20~24 岁	16.9	16.2	14.8

续表

年龄组	北京	上海	广州
25～29 岁	19.6	21.3	19.7
30～34 岁	20.4	19.7	17.5
35～39 岁	15.7	16.7	16.3
40～44 岁	11.7	12.3	14.2
45～49 岁	7.2	5.7	8.9
50～54 岁	1.9	1.1	3.0
55～59 岁	1.2	0.5	2.1

三地流动人口中，从平均年龄来看，上海男性和女性流动人口平均年龄最高，均明显高于北京和广州两地的男性和女性流动人口，而广州的两性流动人口平均年龄最低；从年龄中位数来看，上海的男性流动人口年龄中位数最高，女性流动人口的年龄中位数与北京持平，高于广州（见表 4.2），广州的两性流动人口年龄中位数最低。可见，广州对低年龄层的流动人口的吸纳力高于另外两个重要的流动人口流入地区。

表 4.2　分地区、分性别人口年龄状况比较（岁）

	北京		上海		广州	
性别	男	女	男	女	男	女
平均年龄	33.3	32.3	34.4	33.1	32.7	31.5
年龄中位数	32	31	33	31	31	30

从北上广三地的流动人口来源地分布来看，三地存在很大的差异性。北京的流动人口来源地主要为河北（22.0%）、河南（14.4%）、山东（11.9%）、安徽（7.5%）。上海市流动人口来源地较为广泛，来自安徽省（29.2%）和江苏省（16.8%）的流动人

口组成了上海市流动人口的主体，主要原因是两地区与上海的地理位置比较接近，而且经济发展水平与上海的差距还较大，当然安徽并不是与上海相邻的省份，但人口向上海流动的势头是非常强劲的；其次是河南省（8.0%）和四川省（7.1%），这两个地区都是距离上海比较远的，特别是四川省，但是由于这两个都是人口大省，再加上经济相对来说还比较落后，才导致了大量人口来到上海；排在第 5 到第 10 名的依次是浙江、江西、山东、湖北、福建和湖南省，这里有三个属于东部地区，有三个属于中部地区，这些省份与上海的距离都不算远，从而成为上海主要流动人口来源地区。广州的流动人口主要来源于广东省内（30.9%）、湖南（20.2%）、广西（9.2%）、湖北（7.6%）。从流动人口的户籍地分布可以看出，流动人口的流入不仅与其流动的距离有关，也与其户籍地的经济发展水平有关系。

表 4.3　分地区按规模排序的流动人口户籍地分布（%）

排序	北京		上海		广州	
	户籍地	百分比	户籍地	百分比	户籍地	百分比
1	河北	22	安徽	29.2	广东	30.9
2	河南	14.4	江苏	16.8	湖南	20.2
3	山东	11.9	河南	8	广西	9.2
4	安徽	7.5	四川	7.1	湖北	7.6
5	湖北	4.6	浙江	5.4	四川	6.7
6	四川	4.4	江西	5.1	江西	6
7	黑龙江	4.3	山东	4.8	河南	5.3
8	山西	4.3	湖北	4.3	福建	3
9	辽宁	3.1	福建	3.8	贵州	2.1
10	内蒙古	2.7	湖南	2.5	重庆	2

从户口性质上看（见表4.4），三地的流动人口中，农业户口人群为流动人口的主体，均占70%以上。其中，广州的农业人口比重最高，达85%，超过了上海（76.9%）和北京（72.5%）。从分性别的户口性质来看，上海和广州的男性农业流动人口比重高于女性相应比重，而北京的则相反。北京和上海的男性非农业流动人口比重低于女性相应比重，而广州则相反。

表4.4　分地区的户口性质状况比较（%）

户口性质	北京			上海			广州		
	男	女	男女合计	男	女	男女合计	男	女	男女合计
农业	35.4	37.1	72.5	38.5	38.4	76.9	43.8	41.2	85
非农业	11.5	15.9	27.3	10.7	12.2	22.9	8.1	6.8	14.9
其他	0	0.1	0.2	0.1	0.1	0.2	0	0.1	0.1

从受教育程度来看（见表4.5），整体上看，三地流动人口的受教育程度明显偏低。初中程度是教育程度的主体，占45%以上，其次是高中和小学，大学本科和研究生最少。北上广三地流动人口中，上海未上过学的流动人口比例最高（2%），超过北京（1.1%）和广州（0.5%）；北京大学本科以上人口比例（10.9%）远高于上海（8.3%）和广州（2.5%）。从性别角度看，北上广三地女性未上过学的比例均高于男性；在占主体的初中程度人群中，上海和广州的女性比重低于男性，北京则相反；北京、上海在接受中专/职高教育和大学专科教育的人群中，女性略高于男性，广州则相反；在较高教育程度，如大学本科和研究生人群中，三地的男女比例差异不显著。

表 4.5　分地区的流动人口受教育年限（年）

教育程度	北京			上海			广州		
	男	女	合计	男	女	合计	男	女	合计
未上过学	0. 3	0. 8	1. 1	0. 5	1. 5	2	0. 1	0. 4	0. 5
小学	3. 1	4. 3	7. 4	4. 7	7. 4	12. 1	4. 2	5. 7	9. 9
初中	22. 7	23. 3	46	25	23. 6	48. 6	26. 7	25. 8	52. 5
高中	8. 6	8. 3	16. 9	7. 9	6	13. 9	11. 2	7. 9	19. 1
中专/职高	2. 9	4	6. 9	2. 8	3. 5	6. 3	4. 6	3. 9	8. 5
大学专科	4. 6	6. 4	11	4. 2	4. 5	8. 7	3. 6	3. 5	7. 1
大学本科	4. 2	5. 4	9. 6	3. 8	3. 7	7. 5	1. 5	0. 9	2. 4
研究生	0. 5	0. 8	1. 3	0. 4	0. 4	0. 8	0. 1	0	0. 1

从婚姻状况来看（见表 4. 6），三地的流动人口中，已婚人群均占主体部分，达 70% 以上。此外，广州市流动人口未婚比重（25. 8%）高于上海（22. 8%）、北京（23. 1%）。这也许与特大城市生活压力大、生活节奏快有关。从性别角度看，三地的流动人口中，女性的已婚比重均高于男性。广州的女性已婚比重与男性已婚比重差距最大，达 9. 5%。这也许与社会广泛存在的“丈母娘经济”对男性结婚前买房的要求，以及男性承担更多的社会压力和生活压力有关。

表 4. 6　分地区的流动人口婚姻状况（%）

婚姻状况	北京			上海			广州		
	男	女	合计	男	女	合计	男	女	合计
已婚	73. 9	79. 7	76. 9	75. 8	78. 4	77. 2	69. 6	79. 1	74. 2
未婚	26. 1	20. 3	23. 1	24. 2	21. 6	22. 8	30. 4	20. 9	25. 8

从流动人口的居住区域来看（见图 4. 1、图 4. 2、图 4. 3），北京市流动人口多集中在城市功能拓展区和城市发展新区，以朝阳、昌

平、大兴、丰台、通州五个区域为主要居住区域。位于首都功能核心区（东城区、西城区）的流动人口占总量的3%；位于城市功能拓展区（朝阳、海淀、丰台、石景山）的流动人口占总量的53.5%；位于城市发展新区（大兴、通州、顺义、昌平、房山）的流动人口占总量的42%；位于生态涵养发展区（门头沟、怀柔、平谷、密云、延庆）的流动人口占总量的1.5%。可见，在京的流动人口主要集中在城市功能拓展区和城市发展新区。上海市流动人口中，在近郊的浦东新区的流动人口所占比例最大，达到23.5%，其次是西部远郊的松江区（11.8%）和近郊的闵行区（11.1%）。这三个行政区的流动人口合计占到总人口的46.4%，而中心城区如静安区、黄浦区、徐汇区、长宁区、虹口区、杨浦区、普陀区、闸北区共占18%。可见在沪的流动人口多分布在郊区，少数分布在中心城区。广州市流动人口主要分布在郊区和新城区，如白云区（18%）、番禺区（18%）、天河区（13%）。因此，总的来说，北上广流动人口主要居住区域集中在近郊区和城市发展新区。

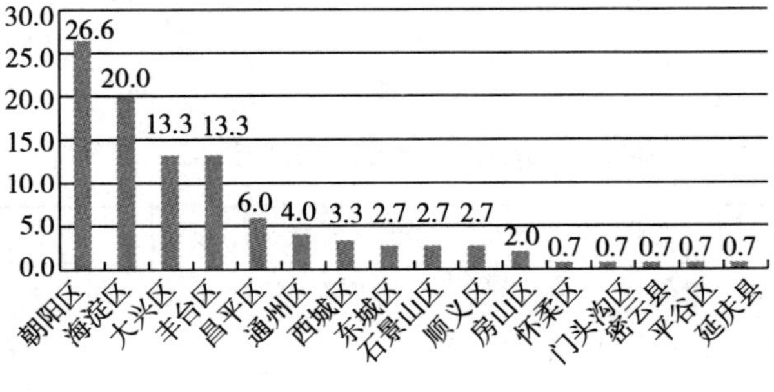

图4.1　北京市流动人口居住地分布

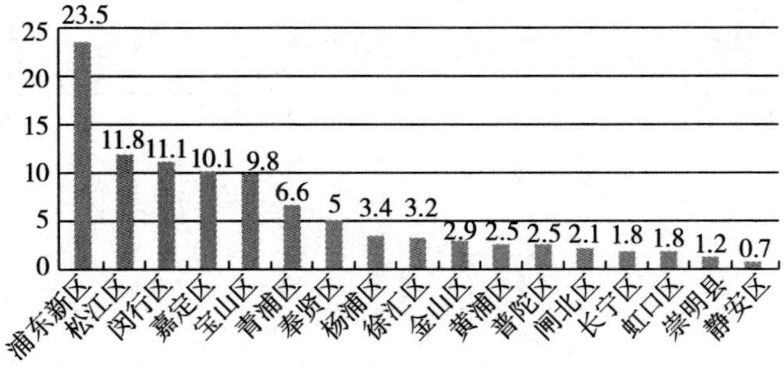

图 4.2　上海市流动人口居住分布

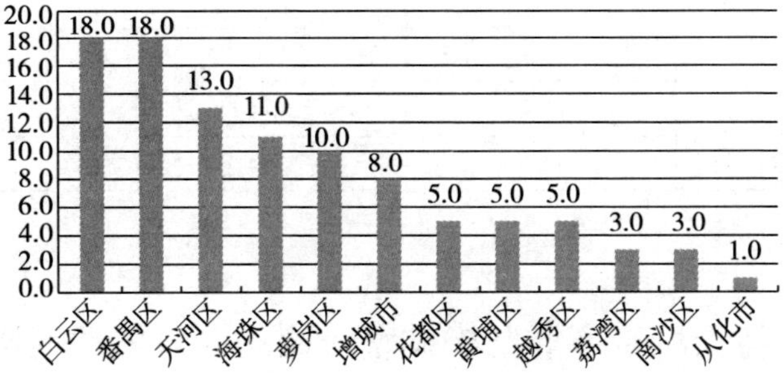

图 4.3　广州市流动人口居住分布

从居住年限来看（见表 4.7），三地的流动人口中，上海的流动人口平均居住年限最高，达 5.94 年，北京居中（5.55 年），广州最短（3.42 年）。如果比较三地流动人口中，居住年限在一年以内的人群比重，可以发现，广州的相应比重最高，占 39.2%，北京居中（24.1%），上海最低（18.3%）。可见，广州的流动人口流动性最高，而上海的流动人口居住稳定性最高。这与三地流动人口的居留意愿有很大关系。具体什么因素会影响流动人口的居留意愿，这将在下文进行详细说明。

表 4.7　分地区的流动人口居住年限（年）

居住年限	北京	上海	广州
一年内	24.1	18.3	39.2
两年	11.8	12	15.1
三年	10.8	9.8	10.7
四年	7.6	8.6	7.7
五年	5.5	8	5.5
六年	5.6	6.9	5.1
七年	4.8	5.4	4
八年	4.5	4.5	2.4
九年	3.5	4.1	1.9
十年以上	21.7	22.4	8.4
平均居住年限（年）	5.55	5.94	3.42

4.2　特大城市产业结构调整对流动人口就业的影响

4.2.1　北上广三次产业演变对流动人口就业的影响

图 4.4、图 4.5、图 4.6 显示了自 1978 年以来，北京、上海、广州三个典型特大城市的产业结构变化趋势：（1）第一产业在 GDP 所占比重呈逐渐下降的趋势，分别从 1978 年的 5.1%、4.0% 和 11.7% 下降至 2015 年的 0.6%、0.4% 和 1.3%；（2）第二产业所占比重从高位快速下降，分别从 1978 年的 71.0%、77.4% 和 58.6% 降至 2015 年的 19.7%、31.8% 和 31.6%；（3）第三产业所占比重呈快速上升趋势，分别从 1978 年的 23.9%、18.6% 和 29.7% 上升至 2015 年的 79.7%、67.8% 和 67.1%。可见，总体上，北上广三个城市的产业结构均从最初的“二三一”型转变为“三二一”型结构，基本符合

产业结构发展的一般规律。然而，由于中国地区间经济发展的不平衡，地区内部的自然和区位条件各有不同，不同城市的经济结构存在很大差异。北京、上海、广州作为环渤海经济圈、长江三角洲经济圈、珠江三角洲经济圈经济最活跃的三个城市，三次产业在经济结构的比重存在一定的差异性。从 2015 年三地产业结构分布情况看，北京市三次产业比重为 0. 6∶19. 7∶79. 7，上海市三次产业比重为 0. 4∶31. 8∶67. 8，广州市三次产业比重为 1. 3∶31. 6∶67. 1。可见，北京市的第三产业比重明显高于上海、广州两地，第二产业比重则低于上海和广州。

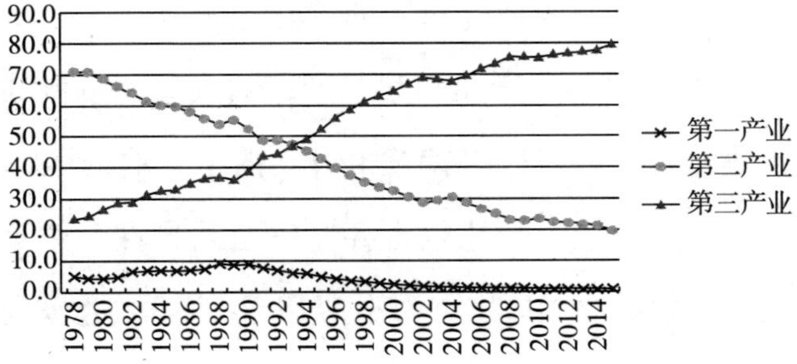

图 4. 4　北京市三次产业结构变化

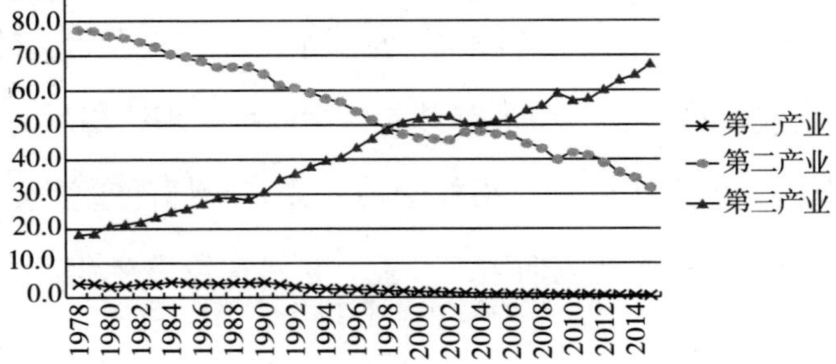

图 4. 5　上海市三次产业结构变化

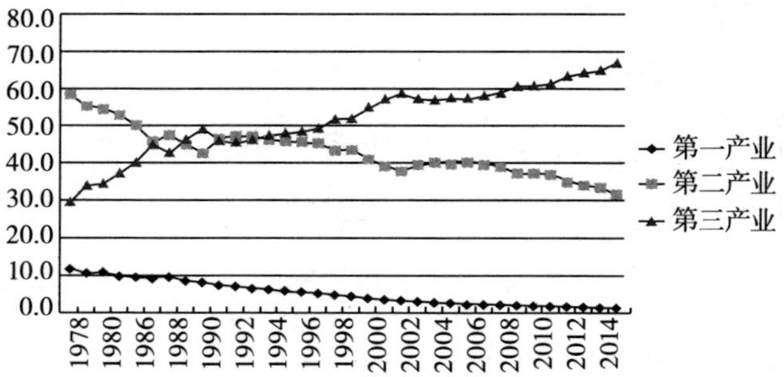

图 4.6　广州市三次产业结构变化

根据产业结构相关理论，一个地区或城市的产业结构变化必然将引起当地的就业结构变化。从北上广三地的就业人口的产业分布变化来看，表现出与产业结构相同的变化趋势（见图 4.7、图 4.8、图 4.9），即三地从事第一产业和第二产业的人口比重持续下降，而从事第三产业的就业人口比重持续上升。由于三地的区域经济结构不同，三次产业的就业人口比重也存在一定差异性。截至 2014 年，北京市三次产业的就业人口比重为 4.5∶18.2∶77.3，上海市三次产业的就业人口比重为 3.3∶34.9∶61.8，广州市三次产业的就业人口比重为 8.0∶36.2∶55.8。可见，上海和广州的二产从业人员比重远高于北京，而广州的一产从业人员比重又高于上海。

总的来说，三地的就业人员分布由“二三一”型结构转变为“三二一”型结构，这个特征符合人口产业均衡理论揭示的经济发展中劳动力在三次产业中分布结构的演变规律，即随着社会经济的发展，劳动力由第一产业流向第二产业，再流向第三产业。

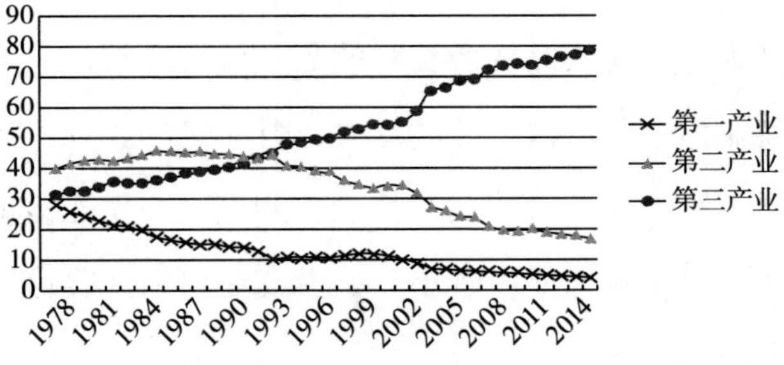

图 4.7 北京市就业人口的产业分布变化

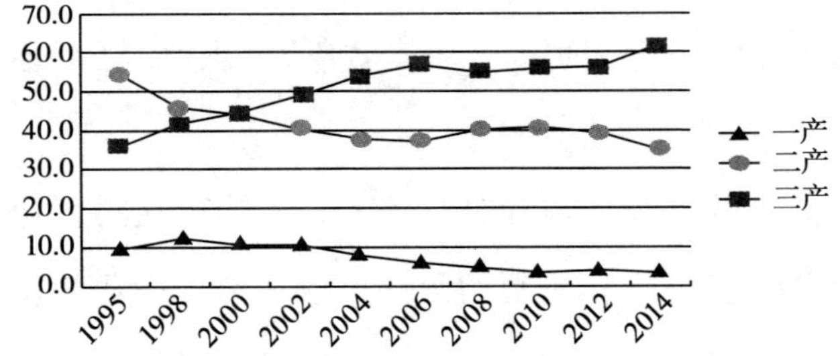

图 4.8 上海市就业人口的产业分布变化

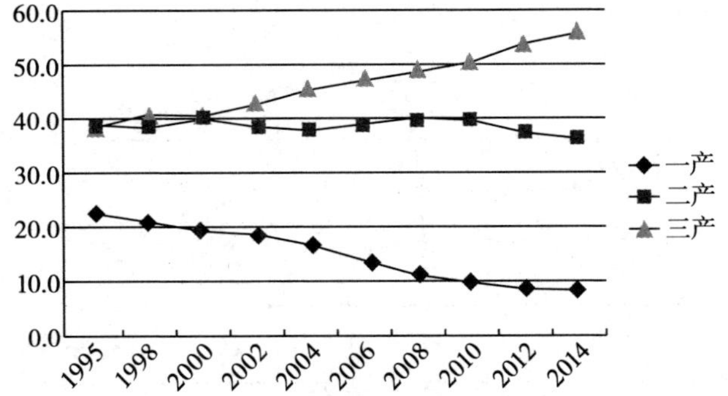

图 4.9 广州市就业人口的产业分布变化

就业弹性是指某一时期内就业增长率与经济增长率的比值，即经济增长每变化一个百分点所对应的就业数量变化的百分比。就业弹性系数通常用来衡量产业及重点行业对就业人口的吸纳能力。如果就业弹性为零，说明经济增长对就业人口的增长没有起到拉动作用；如果就业弹性为正值，且值越大，则说明产业对就业人口的吸纳能力越强，经济增长对就业的拉动作用越大，反之，值越小，则产业对就业人口的吸纳能力越小；如果就业弹性为负值，且经济为正增长，则说明经济增长对就业形成“挤出效应”，通常是因为产业结构升级和劳动生产率的提高在促进经济增长的同时，解放了一部分劳动人口，从而导致就业的下降。另一种情况是当经济增长为负，就业人口却增加，就业表现为“吸入效应”，这种情况是有违经济发展规律的。

从北上广三次产业的就业弹性来看，不同产业对就业人口的吸纳力各有不同。整体上，三地的第一产业、第二产业的就业弹性波动幅度较大，且呈下降趋势；第三产业则呈明显的上升趋势，且波动幅度较小，稳定性较强。可见，第三产业成为吸纳就业人口的主要部门（见图 4.10、图 4.11、图 4.12）。

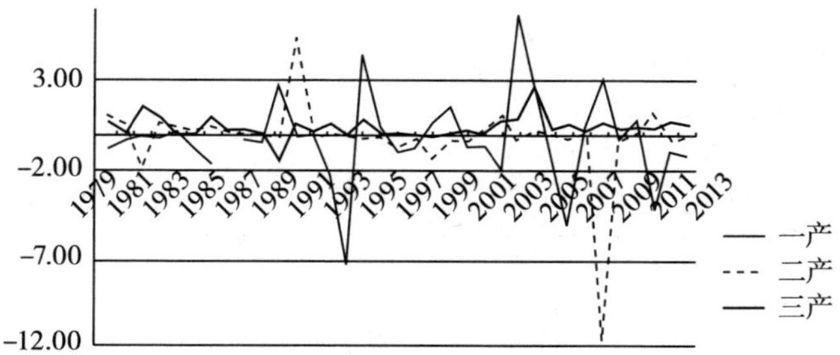

图 4.10　1979—2013 年北京市三次产业就业弹性比较

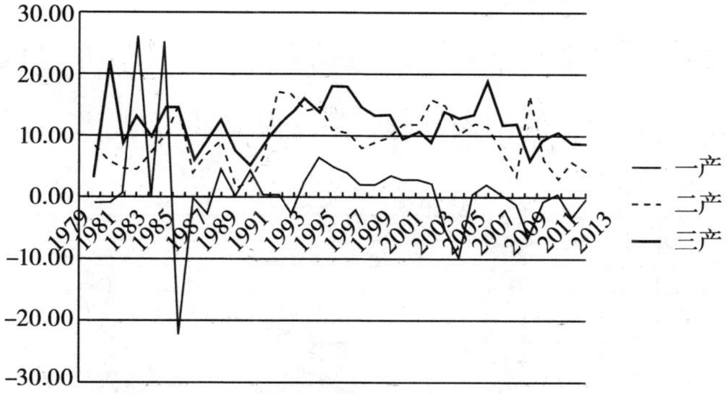

图 4.11　1979—2013 年上海市三次产业就业弹性比较

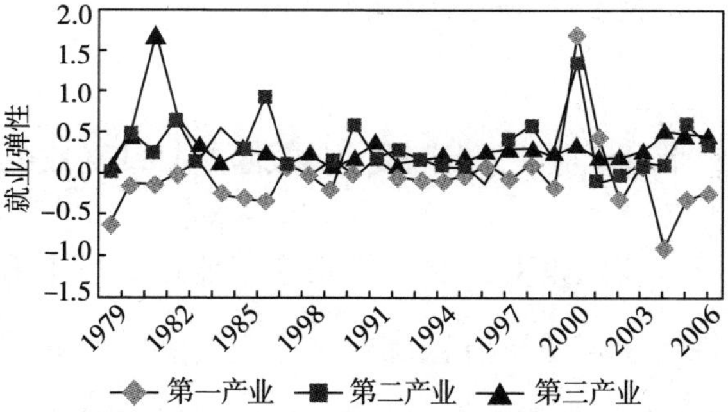

图 4.12　1979—2013 年广州市三次产业就业弹性比较

作为第三产业的主体，服务业的发展水平与城市化率呈正相关关系。服务业越发达，城市化水平也越高，吸纳的流动人口也越多。在产业结构不断升级的过程中，第三产业不仅在地区经济中占据了主导地位，同时也吸纳了大量劳动力，成为吸纳流动人口的主要部门（张艳华，2010）。从北京、上海、广州三地流动人口就业的产业分布来看，三地的流动人口就业主要集中在第三产业（见图 4.13），从事第三产业的流动人口就业比重分别为 84.1%、57.5% 和 68.4%；而从事第二产业的流动人口就业比重仅为 15%、39.9%、31.1%；

第一产业的就业比重最少，仅为0.9%、2.3%、0.6%。因此，综合上文所述的三次产业就业弹性和流动人口的产业分布可以发现，第三产业的发展是拉动流动人口就业的主要驱动力。

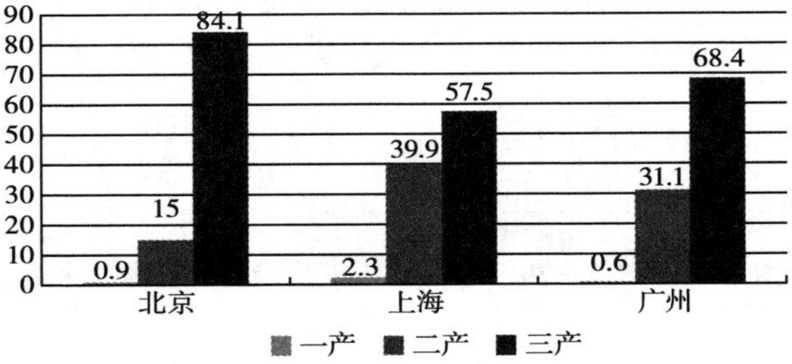

图4.13 北上广流动人口的产业分布（%）

4.2.2 北上广行业结构变化对流动人口就业的影响

从行业结构变化来看，北京市相应产值比重呈上升趋势的行业主要有信息传输、软件和信息技术服务（4.6%），租赁和商务服务（4.2%），科研和技术服务业（3.9%）及房地产业（1.7%）；相应产值比重呈下降趋势的行业主要有工业（-9.1%），交通运输、仓储和邮政（-2.5%），建筑（-1.8%），住宿餐饮（-0.9%），批发零售（-0.5%）等。

上海市相应产值比重呈上升趋势的行业主要有批发零售业（4.8%），金融业（4.3%），租赁和商务服务业（3.1%），信息传输、计算机服务和软件业（1.8%）；相应产值比重呈下降趋势的行业主要有工业（-10.3%），交通运输、仓储和邮政（-2.2%），建筑业（-1.0%）。

广州市相应产值比重呈上升趋势的行业主要有金融业（4.6%），

批发零售业（4.0%），交通运输、仓储和邮政（2.3%），房地产业（1.7%），科学研究、技术服务和地质勘查业（1.2%），租赁和商务服务业（1.0%）等；相应产值比重呈下降趋势的行业主要有住宿餐饮业（-8.1%）、工业（-5.4%）。

总体上，北上广三地的现代服务业均有不同程度的发展，如金融业、租赁和商务服务业、信息传输、计算机服务和软件业；而一些传统行业，如工业、传统服务业则呈衰减趋势。不同的是，北上广三地的批发零售业发展趋势存在很大差异性：北京的批发零售业产值比重呈下降趋势，从2000年的11.8%降至11.3%；而上海和广州则呈相反趋势，分别从10.7%和11%升至15.5%和15%。

值得注意的是，虽然北上广三地的新兴行业比重不断增长，传统行业比重不断下降，但是由于传统行业产值在地区生产总值中的比重较高，最终在2014年，三地形成了以工业、金融业、批发零售业为主导的产业结构。具体来说，三地中，上海的工业行业比重最高，占31.2%，广州次之，占30.4%，北京最低（17.6%）；北京的金融行业比重最高，达15.7%，上海次之（14.4%），广州最低（8.5%）；上海的批发零售业比重最高，占15.5%，广州次之（15.0%），北京最低（11.3%）。

表 4.8　北京市分行业地区生产总值比重变化（%）

行业	2000 年	2002 年	2005 年	2010 年	2012 年	2014 年	比重变化
农业	2.5	1.9	1.3	0.9	0.8	0.7	-1.8
工业	26.7	23.7	24.5	19.6	18.4	17.6	-9.1
建筑	6.0	5.3	4.6	4.4	4.3	4.2	-1.8
交通运输、仓储和邮政	7.0	6.5	5.8	5.0	4.6	4.4	-2.5

续表

行业	2000年	2002年	2005年	2010年	2012年	2014年	比重变化
信息传输、软件和信息技术服务	5.2	6.5	8.4	8.6	9.1	9.8	4.6
批发零售	11.8	10.7	10.1	13.4	12.5	11.3	-0.5
住宿餐饮	2.6	2.8	2.6	2.2	2.1	1.7	-0.9
金融	13.4	13.0	12.1	13.2	14.2	15.7	2.3
房地产	4.6	6.9	7.1	7.1	7.0	6.2	1.7
租赁和商务服务	3.8	5.0	5.2	6.8	7.5	8.0	4.2
科研和技术服务	3.9	4.8	5.0	6.7	7.1	7.8	3.9
水利、环境和公共设施管理	0.7	0.6	0.6	0.5	0.6	0.6	-0.1
居民服务、修理和其他服务业	1.1	1.3	1.2	0.7	0.7	0.7	-0.4
教育	3.2	3.7	4.2	3.7	3.8	4.0	0.8
卫生和社会工作	1.7	1.7	1.7	1.8	2.0	2.2	0.4
文体和娱乐	2.7	2.6	2.4	2.1	2.3	2.2	-0.5
公共管理、社会保障和社会组织	3.1	3.0	3.4	3.3	3.2	2.7	-0.4

表4.9　上海市分行业地区生产总值比重变化（%）

行业	2001年	2005年	2010年	2012年	2014年	比重变化
农业	1.5	0.9	0.7	0.6	0.5	-1.0
工业	41.6	45.1	38.1	35.2	31.2	-10.3
建筑业	4.5	3.5	4.0	3.8	3.5	-1.0
交通运输、仓储和邮政业	6.6	6.4	4.9	4.4	4.4	-2.2
信息传输、计算机服务和软件业	3.4	3.9	3.9	4.6	5.1	1.8
批发和零售业	10.7	9.2	15.1	16.3	15.5	4.8
住宿和餐饮业	2.0	1.8	1.6	1.5	1.5	-0.5
金融业	10.2	7.4	11.4	12.1	14.4	4.3
房地产业	6.3	7.4	5.8	5.7	6.5	0.2
租赁和商务服务业	2.6	3.2	4.5	5.3	5.7	3.1
科学研究、技术服务和地质勘查业	2.2	2.3	2.3	2.5	2.9	0.7

续表

行业	2001 年	2005 年	2010 年	2012 年	2014 年	比重变化
水利、环境和公共设施管理业	0.6	0.6	0.3	0.3	0.4	-0.3
居民服务和其他服务业	0.9	0.9	1.0	1.1	1.2	0.3
教育	2.6	2.9	2.3	2.3	2.6	0.0
卫生、社会保障和社会福利业	1.4	1.6	1.5	1.6	1.9	0.5
文化、体育和娱乐	0.8	0.8	0.5	0.6	0.7	-0.2
公共管理和社会组织	2.0	2.0	2.1	2.2	1.9	-0.1

表 4.10 广州市分行业地区生产总值比重变化（%）

行业	2000 年	2005 年	2010 年	2012 年	2014 年	比重变化
农业	4.0	2.5	1.8	1.6	1.4	-1.1
工业	37.5	35.8	33.9	31.5	30.4	-5.4
建筑业	6.0	3.9	3.3	3.4	3.2	-0.7
批发和零售业		11.0	6.9	14.0	15.0	4.0
交通运输、仓储和邮政业	14.7	4.5	4.0	6.9	6.8	2.3
住宿和餐饮业		10.8	12.6	2.8	2.7	-8.1
信息传输、计算机服务和软件业		2.5	2.8	3.8	3.0	0.5
金融业	6.8	3.9	6.2	7.2	8.5	4.6
房地产业	3.6	6.5	7.2	7.5	8.2	1.7
租赁和商务服务业		6.0	8.0	8.0	7.0	1.0
科学研究、技术服务和地质勘查业	1.0	1.4	2.0	2.1	2.5	1.2
水利、环境和公共设施管理业	0.1	0.6	0.5	0.5	0.6	0.0
居民服务和其他服务业		1.8	1.1	0.9	1.1	-0.7
教育		2.8	3.0	3.2	3.3	0.5
卫生、社会保障和社会福利业		1.6	2.2	2.3	2.5	0.9
文化、体育和娱乐		1.1	1.5	1.7	1.5	0.4
公共管理和社会组织	2.5	3.4	2.7	2.5	2.4	-1.0

注：表中空白为数据缺失，比重变化取 2014 和 2005 年的差值

从北上广三地从业人员分行业的就业情况来看，北京市的从业

人员比重呈增长趋势的行业有信息传输、软件和信息技术服务业（8.4%），金融业（3.4%），租赁和商务服务业（9.5%），交通运输、仓储和邮政业（4.1%），房地产业（2.5%），科学研究和技术服务（0.2%），卫生和社会工作（0.5%）；从业人口比重呈下降趋势的行业有制造业（-8.1%）、建筑业（-5.7%）、教育（-1.7%）等。此外，北京市从业人员的就业结构从2000年的以制造业、建筑业、批发零售、科学研究、技术服务为主导的就业结构转变为2014年的以制造业、批发零售业、租赁和商务服务业为主导的就业结构。

上海市从业人员比重呈增长趋势的主要有批发零售业（8.3%），住宿餐饮业（4.2%），租赁和商务服务业（3.0%），房地产业（2.2%），信息传输、软件和信息技术服务业（1.4%），交通运输、仓储和邮政（1.2%），科研和技术服务（0.7%），水利、环境和公共设施管理（0.7%），金融业（0.3%）等；从业人口比重呈下降趋势的有制造业（-6.6%）、居民服务、修理和其他服务业（-3.6%）、农林牧渔业（-2.8%）、建筑业（-1.1%）等。比较2000年和2014年就业人口的行业分布，上海市从业人员的就业结构并未发生根本性变化。

广州市的从业人员比重呈增长趋势的有批发零售业（8.4%），住宿餐饮业（4.2%），租赁和商务服务业（3.0%），房地产业（2.2%），信息传输、软件和信息技术服务业（1.4%）等；从业人口比重呈下降趋势的有制造业（-6.6%）、农林牧渔业（-2.8%）、建筑业（-1.1%）等。同上海的情况一致，比较2000年和2014年就业人口的行业分布，广州市从业人员的就业结构并未发生根本性变化。

可见，北上广就业人口的行业分布变化存在一定的差异性。北京市的就业人口行业分布变化主要表现为：从事现代服务业的就业人口比重不断提升，如信息传输、软件和信息技术服务业、金融业、租赁和商务服务业等，而从事一些传统行业的就业人口比重不断下降，如制造业、建筑业。从上海市的就业人口行业分布变化来看，虽然一些新兴的现代服务业就业人口比重得到一些提升，如租赁和商务服务业、房地产业、信息传输、软件和信息技术服务业、科研和技术服务，但是提升幅度并未超过一些传统行业，如批发零售业、住宿餐饮业。广州市的就业人口行业分布变化呈现出与上海市相似的特征，即新兴的现代服务业就业人口比重增长低于传统行业，但不同的是，广州的房地产行业的就业人口增长高于上海。

表4.11　北京市分行业的从业人员就业分布（%）

行业	2000年	2002年	2005年	2010年	2012年	2014年	比重变化
农林牧渔	0.7	0.7	0.6	0.5	0.4	0.4	-0.2
采矿	0.6	0.6	0.4	0.8	1.0	0.9	0.3
制造	21.9	22.9	20.9	16.5	15.7	13.7	-8.1
电煤水热生产供应	0.9	0.8	1.2	1.1	1.3	1.1	0.2
建筑	11.8	14.0	8.2	6.1	6.0	6.0	-5.7
批发零售	9.4	7.9	7.2	8.8	9.6	9.6	0.2
交通运输、仓储和邮政	4.2	4.0	8.4	8.1	8.3	8.3	4.1
住宿餐饮	4.3	4.6	5.0	4.2	4.2	3.7	-0.6
信息传输、软件和信息技术服务		0.0	3.6	6.7	7.6	8.4	8.4
金融	1.6	1.7	3.1	3.5	4.6	5.0	3.4
房地产	2.8	3.4	4.5	4.9	5.1	5.4	2.5
租赁和商务服务		0.3	8.5	11.3	8.7	9.5	9.5
科研和技术服务	7.6	5.5	5.9	6.8	7.4	7.8	0.2

续表

行业	2000 年	2002 年	2005 年	2010 年	2012 年	2014 年	比重变化
水利、环境和公共设施管理	0.3	0.3	1.4	1.4	1.3	1.3	1.0
居民服务、修理和其他服务业	1.2	1.0	2.2	1.2	1.2	1.1	0.0
教育	7.5	6.8	7.4	6.1	5.9	5.8	-1.7
卫生和社会工作	2.9	2.6	3.1	3.2	3.2	3.4	0.5
文体和娱乐	2.3	2.2	2.7	2.4	2.4	2.3	0.0
公共管理、社会保障和社会组织	5.7	4.8	5.8	6.3	6.1	6.0	0.3

表 4.12　上海市分行业的从业人员就业分布（%）

行业	2000 年	2003 年	2006 年	2010 年	2012 年	2014 年	比重变化
农林牧渔	10.8	9.1	6.2	3.4	4.2	8.0	-2.8
采矿	0.0	0	0	0	0	0.0	0.0
制造	39.0	33.9	31.5	31.3	30.9	32.4	-6.6
电煤水热生产供应	0.7	0.7	0.6	0.6	0.5	0.5	-0.2
建筑	4.5	4.4	4.9	8.8	8.9	3.3	-1.1
批发零售	11.4	14	5.6	16.6	17	19.8	8.3
交通运输、仓储和邮政	4.4	5.6	1.1	5	5.5	5.6	1.2
住宿餐饮	1.3	2.9	15.2	4.4	4.5	5.5	4.2
信息传输、软件和信息技术服务	0.8	0.9	2.9	1.8	2.6	2.2	1.4
金融	1.2	2.1	2.2	2.2	2.8	1.5	0.3
房地产	1.1	3.6	3.4	3.3	3.1	3.3	2.2
租赁和商务服务	0.1	2.7	5.8	5.4	5.9	3.1	3.0
科研和技术服务	1.3	1.5	1.8	3	2.7	2.0	0.7
水利、环境和公共设施管理	0.1	0.9	0.8	1.1	1.1	0.8	0.7
居民服务、修理和其他服务业	7.6	9	9.5	5.8	5.3	4.0	-3.6
教育	3.7	3.4	3.1	2.7	2.8	3.5	-0.2
卫生和社会工作	2.2	2	2.1	1.9	1.8	1.6	-0.6
文体和娱乐	0.6	1	1.1	1.1	0.9	0.8	0.2
公共管理、社会保障和社会组织	2.0	2.3	2.2	1.7	1.9	2.0	0.1

表 4.13 广州市分行业的从业人员就业分布（%）

行业	2000 年	2002 年	2005 年	2010 年	2012 年	2014 年	比重变化
农林牧渔	10.8	10.6	15.1	9.9	8.6	8.0	-2.8
采矿	0.0	0.0	0	0	0.0	0.0	0.0
制造	39.0	35.8	32.7	34.4	33.3	32.4	-6.6
电煤水热生产供应	0.7	0.7	0.5	0.3	0.5	0.5	-0.2
建筑	4.5	4.0	5.5	4.9	3.6	3.3	-1.1
批发零售	11.4	12.8	5	4.7	20.5	19.8	8.4
交通运输、仓储和邮政	4.4	4.1	1.9	1.9	5.3	5.6	1.1
住宿餐饮	1.3	1.8	15.3	17.1	6.0	5.5	4.2
信息传输、软件和信息技术服务	0.8	1.0	4.2	4.8	2.0	2.2	1.4
金融	1.2	1.6	1.1	1.1	1.7	1.5	0.3
房地产	1.1	1.1	1.7	2	2.6	3.3	2.2
租赁和商务服务	0.1	0.2	3.2	3.6	2.1	3.1	3.0
科研和技术服务	1.3	1.2	0.9	2.7	1.3	2.0	0.7
水利、环境和公共设施管理	0.1	0.1	0.5	0.5	0.6	0.8	0.7
居民服务、修理和其他服务业	4.8	0.6	4.1	4.3	3.3	4.0	-0.8
教育	3.7	3.4	3.7	3.3	3.5	3.5	-0.2
卫生和社会工作	1.9	1.7	1.8	1.7	1.9	1.6	-0.3
文体和娱乐	0.7	0.6	0.8	0.7	0.8	0.8	0.1
公共管理、社会保障和社会组织	2.0	2.1	2.2	2.0	2.5	2.0	0.1

从北上广流动人口的就业分布来看，三地流动人口的就业结构存在很大差异，主要表现为：北京市流动人口就业主要集中在居民服务、修理和其他服务业（21.6%），批发零售业（18.4%），住宿餐饮业（14.9%），信息传输、软件和信息技术服务业（8.4%），从事这四个行业的就业人口比重达63.3%以上；而上海市流动人口就业集中在制造业（31.7%），批发零售业（13.6%），居民服务、修理和其他服务业（12.1%），住宿餐饮业（9.4%），从事这四个

行业的就业人口比重达66.8%；广州市流动人口的就业集中度更高，主要集中在制造业（26.6%），批发零售业（22.6%），居民服务、修理和其他服务业（13.6%），住宿餐饮业（11.5%），从事这四个行业的就业人口比重共计74.3%。

结合北京、上海、广州的产业结构分布和流动人口的就业结构现状，可以发现，虽然三地的服务业已经占据优势地位，新兴的现代服务行业，如金融业、房地产业、信息传输、软件和信息技术服务业的行业比重有了不同程度的增长，但是增长幅度仍未赶上传统服务业，如批发零售、住宿餐饮、交通运输、仓储和邮政业，形成现代服务业比重较低、发展不足，而传统服务业比重较高的第三产业内部格局。加上由于长久以来工业部门，尤其是制造业部门的比重居高不下，产业结构调整升级过慢，在一定程度上也限制了流动人口就业结构的高级化，使得大部分流动人口过度集中于制造业、批发零售业、住宿餐饮业、居民服务业等一些传统行业。

表4.14　北上广流动人口的行业分布（%）

行业	北京	上海	广州
农林牧渔	0.9	2.3	0.6
采矿	0.7	0	0
制造	6.6	31.7	26.6
电煤水热生产供应	0.8	0.5	0.1
建筑	6.9	7.7	4.4
批发零售	18.4	13.6	22.6
交通运输、仓储和邮政	2.9	5.7	4.4
住宿餐饮	14.9	9.4	11.5
信息传输、软件和信息技术服务	8.4	5.3	5
金融	1.8	1.6	1

续表

行业	北京	上海	广州
房地产	2.5	1.7	2.1
租赁和商务服务	1.6	1.4	1.1
科研和技术服务	2.7	1.7	1.1
水利、环境和公共设施管理	0.7	0.6	0.5
居民服务、修理和其他服务业	21.6	12.1	13.6
教育	2.4	0.8	0.7
卫生和社会工作	3.2	1.8	2.8
文体和娱乐	2	1.1	1.1
公共管理、社会保障和社会组织	1	0.7	0.9

为了进一步说明北上广流动人口在流入地就业市场中的地位，本研究将通过流动人口就业分布与本地户籍人口就业情况的对比进行描述和说明。从北京市流动人口在就业市场发挥的作用来看（见表4.15），在统计的19个行业中，就业比重较大的行业均属于与居民生活密切相关的劳动密集型行业，排名前几位的是农林牧渔业（79.7%），居民服务、修理和其他服务业（75.3%），住宿餐饮业（58.9%），建筑业（46.2%），批发零售业（42.8%）；排名最后几位的行业是科学研究、技术服务与地质（6.9%），卫生、社会保障和社会福利（9.6%），以及金融业（12.6%）。

此外，北京市流动人口与本地户籍人口在服务业的就业分布上呈现出明显的差异性。本地户籍人口的从业状况一般集中在生产性服务业，如金融、房地产、租赁和商务服务，以及科教文卫这些需要较高人力资本和技术知识含量的行业。而外来流动人口主要聚集在生活性服务行业，通常这些行业工作时间长、工作环境差且工资待遇较低，是本地户籍人口不愿意从事的工作。由此可见，流动人口在这些行业对本地户籍人口的替代和补充作用显著。

表 4.15 北京市户籍人口与流动人口的从业分布

按行业分	户籍人口（万人）	流动人口（万人）	从业总人口（万人）	流动人口占比（%）
农林牧渔	3	11.8	14.8	79.7
采矿	6.8	1.7	8.5	19.5
制造	138.6	69	207.6	33.2
电煤水热生产供应	9.3	3.9	13.2	29.8
建筑	58.7	50.4	109.1	46.2
交通运输、仓储和邮政	63.3	15.3	78.6	19.5
信息传输、软件和信息技术服务	66.7	20.5	87.2	23.5
批发零售	113.5	84.9	198.4	42.8
住宿餐饮	44.7	64	108.7	58.9
金融	33.4	4.8	38.2	12.6
房地产	46.4	8.7	55.1	15.7
租赁和商务服务	95.9	22.2	118.1	18.8
科研、技术服务和地质	67.9	5.1	73	6.9
水利、环境和公共设施管理	10.2	1.7	11.9	14.0
居民服务、修理和其他服务业	15.7	47.8	63.5	75.3
教育	46.9	6.5	53.4	12.1
卫生和社会工作	23.9	2.5	26.4	9.6
文体和娱乐	19.7	11.8	31.5	37.5
公共管理、社会保障和社会组织	43.1	7.1	50.2	14.2

从上海市的流动人口和常住人口在劳动力市场中的分布来看（见表4.16），两者存在很大差异。首先，在三次产业分布上，上海市常住人口的三次产业就业比为3.5∶35.2∶61.2；而流动人口的三次产业就业比为2.3∶39.8∶57.5。可见，上海市流动人口的第二产业就

业比重略高于常住人口相应比重，而在第三产业的就业比重则低于常住人口的相应比重。这说明与本地户籍人口相比，第二产业吸纳了更多的流动人口。其次，在服务业内部的行业分布上，与常住人口相比，流动人口更多地分布在传统服务业部门，常住人口则更多地分布在现代服务业部门。如流动人口在住宿餐饮的就业比重（9.4%）高于相应的常住人口比重（3.8%），在居民服务、修理和其他服务业的就业比重（12.1%）同样高于常住人口比重（2.6%）；而在金融业的就业比重（1.6%）低于相应的常住人口比重（2.5%），在房地产业的就业比重（1.7%）同样低于相应的常住人口比重（3.6%），在科研和技术服务业的就业比重（1.7%）低于常住人口相应比重（3.2%），在租赁和商务服务行业的就业比重（1.4%）也低于相应的常住人口比重（9.2%）。但是也存在一些例外情况，如流动人口在信息传输、软件和信息技术服务业的比重（5.3%）高于常住人口的相应比重（3.3%），而在批发零售业的就业比重（13.6%）低于常住人口的相应比重（17.2%），在交通运输、仓储和邮政业的就业比重（5.7%）同样低于常住人口相应比重（6.4%）。

表 4.16 上海市常住人口和流动人口的行业分布（%）

行业	常住人口	流动人口
农林牧渔	3.5	2.3
采矿	0.0	0
制造	26.8	31.7
电煤水热生产供应	0.3	0.5
建筑	8.1	7.6
批发零售	17.2	13.6

续表

行业	常住人口	流动人口
交通运输、仓储和邮政	6.4	5.7
住宿餐饮	3.8	9.4
信息传输、软件和信息技术服务	3.3	5.3
金融	2.5	1.6
房地产	3.6	1.7
租赁和商务服务	9.2	1.4
科研和技术服务	3.2	1.7
水利、环境和公共设施管理	1.5	0.6
居民服务、修理和其他服务业	2.6	12.1
教育	2.7	0.8
卫生和社会工作	2.0	1.8
文体和娱乐	0.8	1.1
公共管理、社会保障和社会组织	2.4	0.7

从广州市的流动人口和常住人口在劳动力市场中的分布来看（见表4.17），两者存在很大差异。首先，在三次产业分布上，广州市常住人口的三次产业就业比为0.1∶36.8∶63.2；而流动人口的三次产业的就业比为0.6∶31.1∶68.4。可见，广州市流动人口的第二产业就业比重略低于常住人口相应比重，而在第三产业的就业比重则高于常住人口的相应比重，说明与本地户籍人口相比，第三产业吸纳了更多的流动人口。其次，在服务业内部的行业分布上，与常住人口相比，流动人口更多地分布在传统服务业部门，常住人口则更多地分布在现代服务业部门。如流动人口在批发零售业的就业比重（22.6%）高于相应的常住人口比重（8.5%），在住宿餐饮的就业比重（11.5%）高于相应的常住人口比重（3.1%），在居民服务、修理和其他服务业的比重（13.6）同样高于常住人口比重

(0.8%);而在金融业的就业比重(1.0%)低于相应的常住人口比重(2.2%),在房地产的就业比重(2.1%)同样低于相应的常住人口比重(5.9%),在科研和技术服务的就业比重(1.1%)低于常住人口相应比重(4.7%),在租赁和商务服务行业的就业比重(1.1%)也低于相应的常住人口比重(6.7%)。但是也存在一些例外情况,如流动人口在信息传输、软件和信息技术服务的就业比重(5%)高于常住人口的相应比重(3.1%),在交通运输、仓储和邮政业的就业比重(4.4%)同样低于常住人口相应比重(9.8%)。

总的来说,北上广流动人口主要分布在传统的劳动密集型低端行业,对流入地的劳动力市场起着结构性补充甚至替代作用。

表4.17 广州市常住人口和流动人口就业分布(%)

行业	常住人口	流动人口
农林牧渔	0.1	0.6
制造	29.6	26.6
电煤水热生产供应	0.9	0.1
建筑	6.3	4.4
批发零售	8.5	22.6
交通运输、仓储和邮政	9.8	4.4
住宿餐饮	3.1	11.5
信息传输、软件和信息技术服务	3.1	5
金融	2.2	1
房地产	5.9	2.1
租赁和商务服务	6.7	1.1
科研和技术服务	4.7	1.1
水利、环境和公共设施管理	1.6	0.5
居民服务、修理和其他服务业	0.8	13.6
教育	7.0	0.7

续表

行业	常住人口	流动人口
卫生和社会工作	3.5	2.8
文体和娱乐	1.2	1.1
公共管理、社会保障和社会组织	5.1	0.9

4.3 北上广流动人口对城市发展的影响

流动人口对北上广三个特大城市的影响主要集中在年龄结构和就业结构两个方面。

首先，北上广流动人口在一定程度上缓解了特大城市的人口老龄化问题。北京、上海、广州是较早步入老龄化社会的三个城市，具有老年人口数量庞大，老龄化发展速度快、程度高的特点。“十二五”期间，北上广进入人口老龄化加速发展期，老年人口总量急剧攀升。根据2015年老年人口统计数据，截至2015年底，北京市常住老年人口340.5万人，占常住人口总数的15.7%；上海户籍老年人口超过430万人，占户籍总人口比例达到30.2%，预期寿命同年攀升至82.75岁；广州市户籍老年人口共计147.53万人，占户籍总人口的17.27%。未来，人口老龄化问题将是北上广这三个特大城市面对的最严峻的挑战。而流动人口的年龄结构相比户籍人口更为年轻，主要集中在25~34岁，在一定程度上缓解了三地的人口老龄化问题。

其次，北上广流动人口的就业分布主要集中在传统服务业，滞后于未来服务业发展趋势。随着第三产业的不断发展，三产已经占据北上广产业结构的主体地位。但是，第三产业的行业分布广泛，且产业内部存在很大差异，既包括如住宿餐饮、批发零售、居民服务业、交通运输等传统服务业部门，也包括如信息传输、软件和信息技术服务、金融、房地产、租赁和商务服务业这些现代服务业部门。

由于区域经济结构和地区特色不同，北上广三个城市的服务业发展程度也有很大差异。三地中，北京市的服务业比重最高，随着近年来服务业内部的不断分化，以知识密集型为特征的现代服务业开始从服务业中分离出来，并逐渐占据主导地位。至2014年，现代服务业比重达56.6%，相比2000年的水平上升了17.5%；而传统服务业仅占18.2%，相比2000年水平下降了4.3%。可见，北京市产业结构正经历着从以传统服务业为主导转变为以现代服务业为主导的过程。但是，值得注意的是，虽然现代服务业发展呈上升趋势，但是服务业内部一些新兴行业发展不足，所占份额依然偏小，传统服务业仍占据一定比重。从2014年的行业产值分布来看，服务业已经基本形成了以现代服务业为主导的产业格局，信息传输、计算机服务和软件业（12.5%）、金融业（20.2%）、租赁和商务服务业（10.2%）、科学研究、技术服务业与地质勘查业（10%）已经占据优势地位。但是，批发零售业（14.5%）、交通运输、仓储和邮政业（5.7%）仍然占相对较高的比重，拉低了服务业发展的整体水平，尤其是与世界发达城市相比，现代服务业的发展水平不足。

此外，综合2000年以来北京市服务业产业结构变动和就业结构变动趋势，可以发现，两者的发展并不同步进行。例如，交通运输、仓储和邮政的行业比重下降趋势明显，但是就业比重却居高不下；

而批发零售业、住宿餐饮、居民服务和其他服务业的就业比重下降幅度高于产值的下降幅度；租赁和商务服务业、科学研究、技术服务与地质勘查业、信息传输、计算机服务业和软件业的就业比重增长缓慢，落后于产值增长幅度；水利、环境和公共设施管理业、金融业、房地产的就业比重相比行业产值增长幅度较大；教育、卫生、社会保障和社会福利业、文化、体育与娱乐业、公共管理与社会组织业的行业结构和就业结构基本同步发展。

2014 年的流动人口动态监测数据显示，北京市流动人口的就业行业主要集中在第三产业，达到 82.5%。其中，仅批发零售、住宿餐饮、居民服务、修理和其他服务业三个行业的流动人口就达到五成以上。可见，在京流动人口的行业集中度非常高，且都集中在传统服务业。随着北京经济增速的逐渐放缓，除采矿业、制造业、房地产业以外，各行业的就业弹性大体上呈下降趋势，尤其是农业、批发零售、交通运输、仓储及邮电业、居民服务和其他服务业等传统行业的就业弹性下降明显（见表 4.18）。从 2015 年的分行业就业弹性情况看，就业弹性为负值的行业也主要分布于交通运输、仓储及邮电业、批发零售等传统部门，而流动人口的就业主要集中在制造业、批发零售业、住宿餐饮业、居民服务和其他服务业这些传统部门。虽然这些行业与人们生活息息相关，在短时间内不会被淘汰，但是在未来的服务业发展中，随着服务业内部的行业结构的优化升级，传统服务业必然会“挤出”一部分劳动人口，而现代服务业将“吸入”一些高素质劳动力，以带动新兴服务业发展。一方面，在目前公布的《北京市新增产业禁止和限制目录》中，批发零售、住宿餐饮、居民服务、修理和其他服务业这三个行业是政府为北京产业

“瘦身”的主要目标；另一方面，按照首都功能定位的要求，积极发展符合首都功能定位的高端产业，加快发展现代服务业，巩固和加强服务业的优势地位，促进服务业优化升级，提升城市服务能力和综合辐射力，以及大力发展金融、文化创意、旅游会展等优势服务业，将是未来产业的发展方向。而数据显示，北京市流动人口中，金融、信息传输、软件和信息技术服务、科研和技术服务就业人员所占比例仅为 14.6%。流动人口素质整体偏低的第三产业内部结构已严重阻碍了服务业的优化升级。

从在京流动人口的职业分布看，如果把流动人口的职业归为以下四类：服务业人员，生产、运输人员，公务人员和负责人及其他人员，可以发现，服务业人员是流动人口的主体，达到 67.3%，公务员和负责人占 20.2%，生产人员占 11%。通常认为，公务员和负责人为脑力劳动者，其他为体力劳动者，因此可以发现，流动人口中，体力劳动者占大多数。在受教育程度上，流动人口主要为初中文化水平的从业者，占全部流动人口的 39.6%，高中及以下文化程度的流动人口达到六成以上。而第三产业的优化升级离不开高素质的从业人员，这也将成为制约产业升级的因素。

从上海的情况来看，工业一直占据很大比重，虽然产业结构已经形成“三二一”的发展态势，但城市产业结构升级进程缓慢，常住人口就业结构滞后于产业结构发展。从产业结构和就业结构的关系来看，第一产业对劳动人口的就业蓄水池作用依然明显，造成该行业劳动人口的过度膨胀，影响就业人口向其他产业部门转移；第二产业的就业人口比重过高，而第三产业就业人口不足。从行业发展情况来看，上海市目前的行业主要集中在工业（35.2%）、批发零售业（16.3%）和金融业（12.1%），第二产业比重畸高，第三产业发展迟缓，现代服务业升级动力不足。

针对未来上海产业结构的发展方向和调整重点，中国共产党上海市第十届委员会第十三次全体会议审议通过的《上海市城市总体规划（2016—2040）》将上海城市发展的战略定位明确为建设“四个中心”，目标是要形成国际经济、金融、贸易、航运中心基本功能，形成走在全国前列的高新技术产业和战略性新兴产业体系。今后上海产业结构调整总的方向是大力发展现代服务业、高新技术产业和战略性新兴产业，加快形成以服务经济为主的产业结构，为“四个中心”提供重要的产业支撑。因此，未来上海市产业发展方向是构建战略性新兴产业发展、先进制造业支撑、生产性服务业协同的新型产业体系。

从上海市流动人口就业的行业分布来看，流动人口的就业行业主要集中在第二产业的低端行业和生活性服务业，相关数据显示从事制造业、批发零售、住宿餐饮、居民服务、修理和其他服务业四个行业的流动人口就达到六成以上。可见，在沪流动人口的行业集中度非常高，且都集中在低端行业。此外，上海市流动人口的受教育程度较低，主要集中在初中水平。这不仅与上海产业结构向高级化发展对高素质人才储备的要求不符，也与上海未来发展现代服务业、高新技术产业、战略性新兴产业的趋势相悖。如果流动人口的就业不能适应未来产业发展，继续在现有行业滞留，将会带来这些行业人口的过度膨胀，影响未来产业的精细化和高级化发展。

从广州的情况来看，制造业、批发零售业、住宿餐饮业、居民服务、修理和其他服务业吸收了大量的流动人口，但是从事新兴行业如金融、房地产、租赁和商务服务业的流动人口的就业比重极低。就目前广州市产业结构升级缓慢、第二产业和第三产业内部的现代服务业发展不足的情况来说，需要加快产业结构调整，凭借自身地域和优势产业发展战略性新兴产业。

2016 年广州两会政府工作报告对广州市未来产业调整提出新要求，要“加快产业结构调整。围绕加快推进汽车、精细化工、重大装备、新一代信息技术、生物医药、新材料、新能源与节能环保、商贸会展、金融保险、现代物流等十大重点产业发展，出台促进战略性新兴产业、现代服务业、新业态发展等系列措施，开展专业批发市场转型试点，促进产业升级”。如此看来，流动人口就业集中的行业正是未来产业发展要求下急需调整和转型的行业。从产业转型和调整对人力资本的要求来看，流动人口较低的受教育程度并不具备转型要求，面临着在当前行业继续滞留的局面。

表 4.18 北京市服务业各行业就业弹性(%)

行业	2009 年	2010 年	2011 年	2012 年	2013 年	2014 年	2015 年	变动
交通运输、仓储及邮电通信业	0.4	0.1	0.9	0.8	0.4	0.2	-0.1	-0.5
信息传输、计算机服务和软件业	0.9	1.0	0.9	0.6	0.8	0.5	0.9	0.0
批发和零售业	2.2	0.4	1.1	1.9	0.0	1.7	-2.7	-4.9
住宿和餐饮业	1.3	0.0	0.3	2.2	-0.6	-0.8	0.7	-0.6
金融业	2.1	0.4	1.1	1.0	0.3	0.7	0.5	-1.6
房地产业	0.2	-0.9	1.7	0.3	1.2	-1.4	0.3	0.2
租赁和商务服务业	1.7	0.4	-1.2	0.4	0.6	0.7	1.1	-0.6
科学研究、技术服务和地质勘查业	1.0	0.3	0.5	0.6	0.7	0.0	-0.1	-1.0
水利、环境和公共设施管理业	0.9	0.0	0.1	0.4	0.3	0.1	0.2	-0.6
居民服务和其他服务业	1.6	-0.2	0.0	1.5	0.4	-0.3	0.2	-1.4
教育业	0.5	-0.2	0.2	0.3	0.3	-0.1	0.3	-0.2
卫生、社会保障和社会福利业	0.8	0.2	0.4	0.2	0.6	0.2	0.6	-0.2
文化、体育和娱乐业	0.7	-0.2	0.4	0.3	0.4	-0.4	0.4	-0.3
公共管理和社会组织	1.9	0.2	0.2	0.3	0.1	0.3	0.0	-1.9

第5章

流动人口的就业结构和居留意愿

5.1　三地区流动人口居留意愿的分布情况

根据调查结果显示，75.3%的被调查者表示打算在本地长期居住5年以上，选择“不打算”的占8.8%，表示“没想好”的占15.9%。从分地区情况看，北上广三地区的流动人口居留意愿存在显著性差异。其中，上海流动人口的长期居留意愿最高，达到80%；其次是北京，占75.4%；广州最低，仅占57.2%。广州流动人口中不打算长期居留的人群比重最高，占14.5%，且不确定是否长期居留的人群比重也最高，占28.3%；北京流动人口中不打算长期居留的人群比重和“没想好”的人群比重居中。

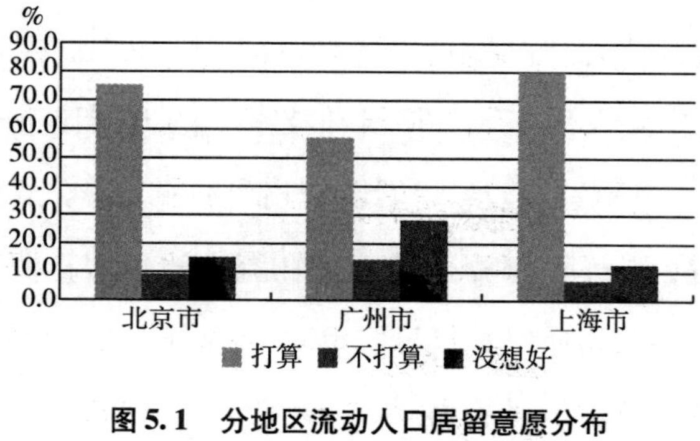

图5.1　分地区流动人口居留意愿分布

具有不同居留意愿的流动人口存在群体的异质性。由表5.1可见，从个人层面看，不同居留意愿流动人口的年龄构成有所不同。比较选择“打算”“不打算”“不清楚”的三组人群，虽然三类人群年龄主要集中在“80后”和“70后”，但是“90后”人群不同居留意愿的比重差异显著，其中，表示打算在本地长期居留的“90后”人群的比重最低，仅占9.9%，而选择“不打算”和“不清楚”的该年龄组人群比重分别为18.7%和21.9%。从户口性质上看，相比选择不打算和没想好是否在本地长期居留的流动人口，有长期居留意愿的人群中，非农业户口的比重最高，达到25.4%。从婚姻状况看，表示打算在本地长期居住的已婚流动人口比重最高，达80.3%，远高于选择“不打算”和“没想好”的已婚流动人口比重；而选择“打算”的未婚流动人口比重在三类居留意愿人群中最低，仅为19.7%。从教育年限上看，有居留意愿的流动人口平均受教育年限（9.9年）高于其他两组人群。从居住年限上看，有居留意愿的流动人口平均居住年限（6.5年）远高于其他两组人群。从行业分布上看，相比选择“不打算”和“没想好”这两组人群，选择打算长期居留本地的流动人口中，就业行业为“商业”的比重较高，占51.2%；就业行业为“金融”“交通运输”“卫生、体育和社会福利”“教育、文化及传媒”“科研和技术”的人群比重均呈同样趋势；而“工业”行业的流动人口比重较低，占31%。从找工作所花费的时间来看，选择“打算”的人群在流入地平均花费3.1周找到第一份工作，多于选择“不打算”和“没想好”的流动人口。从收入上看，选择“打算”的人群上月平均收入（4003.0元）高于选择“不打算”（3026.2元）和“没想好”（2907.5元）的流动人口。

从社会层面看，选择“打算”在本地长期居住的流动人口的社会保险参保率和社会融入程度均高于选择“不打算”和“没想好”的人群。从参与本地养老保险的情况看，选择“打算”的人群中，有32.2%的流动人口有本地养老保险，而选择“不打算”和“没想好”的流动人口中，该项比例分别为25.1%和25.9%。从参与本地医疗保险的情况看，选择“打算”的人群中，有33.2%的流动人口有本地养老保险，而选择“不打算”和“没想好”的流动人口中，该项比例分别为26.2%和27.7%。从社会融入上看，对“喜欢现在居住的城市”“是否关注城市变化”“愿意融入本地人当中，成为其中一员”“觉得本地人愿意接受我成为其中一员”这些问题持肯定态度，并选择“打算”的人群中该项比例均高于选择“不打算”和“没想好”的；当被问及是否同意“觉得本地人瞧不起外地人”时，持肯定态度并选择“打算”的该项人群比例低于选择“不打算”和“没想好”的。

表 5.1　流动人口居留意愿基本特征

变量组名		变量名称	打算	不打算	不清楚
个人因素	性别	男	47.8	49.8	48.6
		女	52.2	50.2	51.4
	年龄组	70 前	17.4	18.2	12.6
		70 后	34.0	25.5	24.1
		80 后	38.6	37.5	41.4
		90 后	9.9	18.7	21.9
	户口	农业	74.6	85.3	84.1
		非农业	25.4	14.7	15.9
	婚姻状况	已婚	80.3	69.4	63.4
		未婚	19.7	30.6	36.6
	教育年限		9.9	9.3	9.6

续表

变量组名		变量名称	打算	不打算	不清楚
个人因素	居住年限		6.5	3.8	3.7
	行业	商业	51.2	43.9	47.4
		金融	3.4	1.5	1.9
		交通运输	5.5	4.7	4.7
		卫生体育社会福利	2.0	1.1	0.7
		教育文化和传媒	2.7	1.7	1.7
		科研和技术	4.3	2.1	2.4
		工业	31.0	45.0	41.2
		找工作花费时间（周）	3.1	2.4	2.7
		收入（元）	4003.0	3026.2	2907.5
社会因素		本地养老保险（有）	32.2	25.1	25.9
		无	67.8	74.9	74.1
		本地医疗保险（有）	33.2	26.2	27.7
		无	66.8	73.8	72.3
		喜欢现居城市（同意）	98.3	93.4	95.8
		不同意	1.7	6.6	4.2
		关注城市变化（同意）	97.1	90.0	93.7
		不同意	2.9	10.0	6.3
		愿意融入本地（同意）	96.8	83.9	90.0
		不同意	3.2	16.1	10.0
		觉得本地人接受我（同意）	91.7	80.8	83.4
		不同意	8.3	19.2	16.6
		觉得本地人瞧不起外地人（同意）	37.0	47.5	42.9
		不同意	63.0	52.5	57.1

表 5.2　分地区的流动人口居留意愿的个人特征

变量组名	变量名称	北京			上海			广州		
		打算	不打算	不清楚	打算	不打算	不清楚	打算	不打算	不清楚
个人因素	性别									
	男	47.1	48.8	47.6	47.2	49.3	47.3	52.1	51.6	51.7
	女	52.9	51.2	52.4	52.8	50.7	52.7	47.9	48.4	48.3
	年龄组									
	70 前	14.6	20.7	10.6	19.6	20.1	15.3	11.5	12.4	9.7
	70 后	33.1	20.7	21.2	34.3	24.6	23.7	34.9	31.7	26.9
	80 后	41.1	37.1	41.6	37.0	38.4	40.4	42.3	36.4	43.1
	90 后	11.2	21.4	26.7	9.2	16.9	20.6	11.3	19.5	20.3
	户口									
	农业	70.5	83.2	81.6	74.8	83.3	81.9	81.3	90.9	89.8
	非农业	29.5	16.8	18.4	25.2	16.7	18.1	18.7	9.1	10.2
	婚姻状况									
	已婚	81.6	65.9	60.5	80.1	71.3	62.3	78.8	69.0	67.4
	未婚	18.4	34.1	39.5	20.0	28.7	37.7	21.2	31.0	32.6
	教育年限	10.5	9.6	10.0	9.8	9.3	9.6	9.8	9.2	9.4
	居住年限	6.3	3.5	3.7	6.6	4.5	4.2	4.2	2.7	2.7

续表

变量组名	变量名称	北京			上海			广州		
		打算	不打算	不清楚	打算	不打算	不清楚	打算	不打算	不清楚
个人因素	行业									
	商业	59.7	59.2	64.0	47.8	39.0	41.4	52.1	37.7	43.2
	金融	3.1	1.8	2.3	3.7	1.7	2.4	2.1	1.1	0.8
	交通运输	4.0	4.9	4.4	6.1	4.8	5.7	5.6	4.3	3.4
	卫生、体育和社会福利	2.5	1.5	0.5	1.7	1.0	0.7	2.6	1.1	0.7
	教育文化和传媒	4.9	2.4	3.9	2.1	2.1	1.1	1.5	0.4	0.8
	科研和技术	6.5	2.6	2.8	3.8	2.1	2.8	3.1	1.5	1.4
	工业	19.3	27.6	22.1	34.9	49.4	45.8	32.9	53.9	49.7
	找工作花费时间(周)	3.2	2.3	2.5	3.1	2.3	2.8	3.6	2.7	2.8
	收入(元)	4060.0	2853.7	2763.1	4008.9	3179.6	2993.4	3518.5	2744.3	2621.1
社会因素	本地养老保险(有)	26.6	20.5	24.5	35.5	31.3	32.0	26.0	18.1	16.5
	无	73.4	79.5	75.5	64.5	68.7	68.0	74.0	81.9	83.5
	本地医疗保险(有)	27.7	21.3	25.8	36.4	32.2	33.6	27.2	20.0	19.2
	无	72.3	78.7	74.2	63.6	67.8	66.4	72.8	80.0	80.8
	喜欢现居城市(同意)	97.7	94.6	95.1	98.6	93.9	96.4	97.5	91.2	95.3
	不同意	2.3	5.4	4.9	1.4	6.1	3.6	2.5	8.8	4.7
	关注城市变化(同意)	96.8	91.5	91.9	97.3	90.3	94.3	96.4	88.2	94.0

续表

变量组名	变量名称	北京			上海			广州		
		打算	不打算	不清楚	打算	不打算	不清楚	打算	不打算	不清楚
社会因素	不同意	3.2	8.5	8.1	2.7	9.7	5.7	3.6	11.8	6.0
	愿意融入本地(同意)	97.0	89.0	91.0	97.3	84.9	90.3	93.2	77.2	88.5
	不同意	3.0	11.0	9.0	2.7	15.1	9.7	6.8	22.8	11.5
	觉得本地人接受我(同意)	90.9	86.3	80.6	92.4	79.4	84.0	89.2	78.0	84.5
	不同意	9.1	13.7	19.4	7.6	20.6	16.0	10.8	22.0	15.5
	觉得本地人瞧不起外地人(同意)	37.4	45.5	47.6	37.9	51.6	47.3	31.9	42.0	31.6
	不同意	62.6	54.5	52.4	62.1	48.4	52.7	68.1	58.0	68.4

此外，在北上广三地之间，不同居留意愿的流动人口也存在个人特征上的差异。本章将重点关注三地区间打算长期居留本地的流动人口个人特征的差异。从性别上看，北京和上海两地选择“打算”的男女比例差异不大，且均是男性比例小于女性比例，而广州的则相反，男性比例（52.1%）高于女性比例（47.9%）。从年龄上看，北京、广州两地选择“打算”的“80后”和“90后”流动人口比重高于上海。从户口性质上看，北京选择“打算”的非农业流动人口比重（29.5%）高于上海（25.2%）和广州（18.7%）。从婚姻状况上看，北京选择“打算”的已婚流动人口比重（81.6%）高于上海（80.1%）和广州（78.8%）。从教育年限上看，北京选择“打算”的流动人口平均受教育年限为10.5年，高于上海（9.8年）和广州（9.8年）。从居住年限上看，北京选择“打算”的流动人口平均居住年限（6.3年）低于上海（6.6年），高于广州（4.2年）。从行业分布上看，北京选择“打算”的流动人口中，就业行业为商业的比重（59.7%）高于上海（47.8%）和广州（52.1%）；从事金融行业的人员比重（3.1%）低于上海（3.7%），高于广州（2.1%）；从事交通运输的人员比重（4%）低于上海（6.1%）和广州（5.6%）；从事卫生、体育和社会福利的人员比重（2.5%）高于上海（1.7%），低于广州（2.6%）；从事教育文化和传媒的人员比重（4.9%）高于上海（2.1%）和广州（1.5%）；从事科研和技术的人员比重（6.5%）高于上海（3.8%）和广州（3.1%）；从事工业的人员比重（19.3%）低于上海（34.9%）和广州（32.9%）。从找工作所花费的时间上看，北京选择“打算”的流动人口平均花费时间（3.2周）高于上海（3.1周），但低于广州

(3.6 周)。从收入上看，北京选择“打算”的流动人口平均月收入(4060 元)均高于上海(4008.9 元)和广州(3518.5 元)。从在本地参保情况看，北京选择“打算”的流动人口中有本地养老保险的人员比例(26.6%)高于广州(26%)，低于上海(35.5%)；北京有本地医疗保险的人员比例(27.7%)同样高于广州(27.2%)，低于上海(36.4%)。从社会融入情况看，当被问及是否同意以下说法“喜欢现在居住的城市”“关注城市的变化”“愿意融入本地人当中，成为其中一员”“觉得本地人接受我”时，北京表示同意的人员比重均呈现出同一趋势，即高于广州，低于上海；而当被问及是否同意“觉得本地人瞧不起外地人”时，北京表示同意的人员比重(37.4%)低于上海(37.9%)，高于广州(31.9%)。

5.2 北上广三地区流动人口居留意愿影响因素分析

为了证明流动人口就业行业与居留意愿之间存在相关关系，本文首先对北上广三地的流动人口建立 Logistic 回归模型，然后分别对北京、上海、广州建立分地区 Logistic 回归模型。表 5.3 显示，就业行业为商业、金融、交通运输、卫生、体育和社会福利、教育文化和传媒、科研和技术的流动人口居留意愿与就业行业为工业的流动人口居留意愿相比，存在显著性差异。而且，在控制了个人因素和社会因素后，这些行业的从业流动人口居留意愿和参照组(工业从业者)的居留意愿相比，依然有着显著的差异。这说明，上述行业的流动人口表现出与工业行业流动人口不同的居留意愿倾向。就业行业为商业、金融、交通运输、卫生、体育和社会福利、教育文化和传媒、科研和技术的流动人口居留意愿均高于工业的从业人员。但是值得注意的是，相比工业从业人员的居留意愿，卫生、体育和社会福利的从业人员居留意愿最强，随后依次是金融、科研和技术、商业、教育文化和传媒，最后是交通运输。

作为两个地域识别变量，北京和上海两个虚拟变量代表了区域经济、制度、文化特色、流动人口管理的相关政策等一系列内容。与参照组广州市相比，北京和上海的流动人口居留意愿明显较强，且上海强于北京。为了进一步剖析北上广三地区流动人口的居留意愿存在差异性的原因，下文中将对三地区流动人口居留意愿的影响因素分别进行分析。

表5.4的结果显示，不同地区流动人口居留意愿的影响因素存在一定的差异性，那么个人因素和社会因素中，哪些会对三地区的流动人口居留意愿产生影响？哪些因素是共同的？哪些因素是不同的？这些是该部分我们重点关注的问题。从某种意义上讲，那些三地区流动人口居留意愿共同的影响因素更具实质性的决定作用。

在上述的交叉表卡方检验结果显示，除性别、收入外，年龄、受教育年限、户口性质、婚姻状况、居住年限、就业行业、找第一份工作所花费的时间、本地养老保险和社会保险参与情况、社会融入相关因素等与流动人口居留意愿具有一定相关性。至于为何收入与流动人口居留意愿不相关，可能是收入因素存在对居留意愿的非线性影响。而且，从分地区看，这些个人因素和社会因素与流动人口居留意愿的相关性依然存在。

从Logistic回归分析结果看（见表5.4），在控制了个人因素和社会因素后，行业类型对居留意愿的影响在北上广三地区间具有一定的差异性。在北京的流动人口中，从事商业、卫生、体育和社会福利、教育文化和传媒、科研和技术的流动人口与从事工业的流动人口的居留意愿存在显著性差异。且相比从事工业的流动人口，从事卫生、体育和社会福利的流动人口居留意愿最强，科研和技术的从业人员居留意愿次之，随后是教育文化和传媒的从业人员、商业从业人员。与北京不同，上海的流动人口中，从事商业、金融、交通运输、科研和技术的流动人口与从事工业的流动人口居留意愿存在显著性差异。同时，相比从事工业的流动人口，从事卫生、体育和社会福利的流动人口居留意愿最强，金融从业人员次之，随后是科研和技术、商业、交通运输从业人员。而广州的流动人口中，从事商业、卫生、体育和社会福利与从事工业的流动人口居留意愿也存在显著性差异。同时，相比从事工业的流动人口，从事卫生、体育和社会福利的流动人口居留意愿最强，商业的从业人员次之。

在个人因素方面，除了性别以外，年龄、受教育年限、居留年限、婚姻状况、户口性质、个人上月收入、找第一份工作所花费的时间均与大部分城市流动人口的居留意愿存在统计学差异并有一定相关性。年龄、居留年限、个人上月收入对北京、上海、广州三地的流动人口居留意愿均影响显著；受教育年限和婚姻状况对北京、上海的流动人口居留意愿影响显著；户口性质和找第一份工作所花费的时间对上海流动人口的居留意愿影响显著。

从年龄上看，相比“90后”人群，北京“70前”的流动人口居留意愿较强，而上海“70后”和“80后”人群的居留意愿均较强，广州的“80后”人群居留意愿较强；从受教育年限看，与上海不同，北京和广州的流动人口受教育年限越长，居留意愿越强；从居留年限上看，对三地流动人口的居留意愿均有影响；从婚姻状况上看，相比未婚人员，北京和广州的已婚流动人口具有更强的居留意愿；从户口类型看，与非农业流动人口相比，上海的农业人口居留意愿较弱；从找第一份工作所花费的时间看，上海流动人口花费时间越长，居留意愿越强。

在社会因素影响方面，三地区流动人口居留意愿的影响因素较为分散。从社会保险参与情况看，相对未参与本地养老保险的流动人口，只有上海的参保人员有较强的居留意愿；从社会融入上看，当被问及是否赞同“喜欢现在居住的城市”，上海和广州表示赞同的流动人口有更强的居留意愿；当被问及是否赞同“关注现在居住的城市变化”和“愿意融入本地人之中，成为其中一员”时，三地区呈现出同一趋势，即表示赞同的人员居留意愿更强；当被问及是否赞同“觉得本地人接受我”时，只有上海表示赞同的人员居留意愿更强；当被问及是否赞同“觉得本地人瞧不起外地人”时，上海和广州表示赞同的人员居留意愿较弱。

表 5.3　流动人口就业行业与居留意愿回归结果

变量类型	变量组名（参照组）	变量名称	模型 1		模型 2		模型 3		模型 4	
解释变量	行业类型（工业为参照组）	商业	1.693	* * *	1.531	* * *	1.604	* * *	1.649	* * *
		金融	3.169	* * *	2.024	* * *	1.82	* * *	1.795	* * *
		交通运输	1.707	* * *	1.36	* *	1.426	* * *	1.409	* * *
		卫生、体育、社会福利	2.515	* * *	2.014	* * *	1.908	* * *	2.185	* * *
		教育文化和传媒	2.286	* * *	1.575	* *	1.459	*	1.528	* *
		科研和技术	3.068	* * *	1.867	* * *	1.63	* * *	1.703	* * *
控制变量	个人因素	受教育年限			1.06	* * *	1.046	* * *	1.055	* * *
		居留年限			1.11	* * *	1.105	* * *	1.092	* * *
		性别（女）								
		男			0.98		1.021		1.047	
		年龄组（90 后）								
		70 前			0.945		0.915		0.888	
		70 后			1.22	*	1.21	*	1.238	* *
		80 后			1.147		1.129		1.138	
		婚姻状况（未婚）								
		已婚			1.305	* * *	1.305	* * *	1.355	* * *
		户口性质（非农业）								

续表

变量类型	变量组名（参照组）	变量名称	模型1		模型2		模型3		模型4	
控制变量	个人因素	农业			0.771	* * *	0.797	* * *	0.822	* * *
		个人上月收入			1	* * *	1	* * *	1	* * *
		找第一份工作花费时间			1.023	* * *	1.022	* * *	1.024	* *
	社会因素（无/不同意为参照组）	本地养老保险					1.139		1.075	
		本地医疗保险					1.17		1.121	
		喜欢现居城市					1.64	* * *	1.601	* * *
		关注城市变化					1.72	* * *	1.729	* * *
		愿意融入本地					3.302	* * *	3.154	* * *
		觉得本地人接受我					1.25	* * *	1.236	* * *
		觉得本地人瞧不起外地人					0.761	* * *	0.729	* * *
	地域识别变量	城市（广州）								
		北京							1.436	* * *
		上海							2.161	* * *

注：* * * * 为显著水平 0.001，* * * 为显著水平 0.01，* * 为显著水平 0.05，* 为显著水平 0.1

表 5.4　分地区的流动人口就业行业与居留意愿回归结果

变量类型	变量组名(参照组)	变量名称	北京		上海		广州	
解释变量	行业类型（工业为参照组）	商业	1.53	***	1.526	***	2.276	***
		金融	1.615		1.748	*	1.337	
		交通运输	1.101		1.484	**	1.36	
		卫生、体育和社会福利	2.741	**	1.481		3.551	**
		教育文化和传媒	2.179	**	0.967		3.145	
		科研和技术	1.774	**	1.505		1.827	
控制变量	内部因素	受教育年限	1.078	***	1.021		1.108	***
		居留年限	1.098	***	1.088	***	1.076	***
		性别(女)						
		男	1.121		0.888		1.08	
		年龄组(90 后)						
		70 前	2.101	***	0.886		1.091	
		70 后	1.872	***	0.994		1.293	
		80 后	1.988	***	1.247	*	1.139	
		婚姻状况(未婚)						
		已婚	1.818	***	1.082		1.462	**
		户口性质(非农业)						

续表

变量类型	变量组名(参照组)	变量名称	北京		上海		广州	
控制变量	内部因素	农业	1.205		1.138		1.356	
		个人上月收入						
		0~1600	0.313		0.658		0.163	
		1600~2800	0.33		0.775		0.231	
		2800~4000	0.542		0.98		0.324	
		4000~15000	0.691		1.442		0.444	
		找第一份工作花费时间	1.008		1.041	***	1.013	
	外部因素(无/不同意为参照组)	本地养老保险	0.975		1.03		1.379	
		本地医疗保险	0.991		1.219		1.06	
		喜欢现居城市	1.361		1.803	***	1.631	*
		关注城市变化	1.81	***	1.687	***	1.62	**
		愿意融入本地	3.342		3.496	***	2.247	***
		觉得本地人接受我	0.824		1.452	***	1.307	
		觉得本地人瞧不起外地人	0.85		0.679	***	0.753	**

注：***为显著水平0.01，**为显著水平0.05，*为显著水平0.1

5.3 讨论与小结

对流动人口而言，是否融入当地生活，选择在流入地长期居留，是一个基于流入地政府与流动人口双向选择的结果。对流入地政府而言，外来人口在本地的长期居住，需要政府承担基础设施、就业岗位、基本公共服务和社会保障等一系列的社会成本（张国胜，2009）。因此流入地政府对外来人口的市民化是有选择性的流动人口市民化，一般通过政策选择设置准入门槛，将需要的流动人口按准入条件选入城市市民体系，而将不符合条件的流动人口屏蔽在体系外。

另一方面，对流动人口而言，流动过程实际上经历了两次选择。第一次选择，流动人口离开老家，选择某个流入地流入，在他们进入城市，生活一段时间后，他们将面临第二次选择，即留下长期居住或是离开。第二次选择是基于一种个人就业特征、经济情况、社会因素、文化背景等更为复杂因素的选择。其中，流动人口的就业特征起着重要作用。当被问及“本市对您最大的吸引力是什么”时，排名前三位的答案是“工作机会多”“收入比较高”“发展前景广”，这三项均指向就业。当被问及“您在本地最大的烦恼是什么”时，超过三成的被访者选择了“收入少”这一项。而且，从分地区看，北上广三地均呈现同样的结果。由此可见，与就业相关的因素很大程度地影响了流动人口的生活感受。除了流动人口的就业特征，居留年限也起着至关重要的作用。如果不考虑年龄因素，流动人口居留时间的长短反映了他们在流入地的发展轨迹，也反映了他们的社会融入程度。在此过程中，流入者也许会经历多次权衡，最后做出是否留城的理性选择，而这一最终选择是流动人口和城市相互选择的表现和结果。

本章首先分别对北上广三地区的流动人口居留意愿基本情况做了描述性分析，并从个人因素、社会因素两个方面的相关因素和流动人口的居留意愿做了交叉表卡方检验，分析他们的相关性。在此基础上，对三地区全部流动人口的居留意愿做了影响因素分析，并分别对三地区流动人口做了居留意愿的影响因素分析。通过比较全员流动人口的回归结果和分地区的回归结果，可以得出三地区的影响因素的差异。更值得注意的是，在三地区之间，不同行业对当地流动人口的居留意愿的影响存在差异性。

从流动人口居留意愿的基本情况看，选择打算在流入地长期居住（5 年以上）的流动人口主要集中在“70 后”（34%）和“80 后”（38.6%）的女性（52.2%）、农业（74.6%）、已婚（80.3%）流动人口。他们的平均教育年限为 9.9 年，平均居住年限为 6.5 年，均高于选择“不打算”和“没想好”的人群。他们主要的就业行业为商业（51.2%）和工业（31%）。他们找第一份工作平均花费时间为 3.1 周，平均收入（4003.0 元）高于选择“不打算”和“没想好”的人群。此外，选择“打算”的流动人口的养老保险、医疗保险参保率和社会融入程度，包括喜欢现在居住的城市、关注城市变化、愿意融入本地、觉得本地人接受自己、不觉得本地人瞧不起外地人的比重，要高于选择“不打算”和“没想好”的人群。

结果显示，从单个城市来看，有居留意愿的流动人口个人特征呈现出不同于上述的三地区全部人群的特征。首先，上海的流动人口居留意愿高于北京，也高于广州。性别差异上，不同于北京、上海两地，广州选择“打算”的人群中男性比例高于女性；年龄上，北京、广州两地的“90 后”人群相应比例高于上海；户口上，北京选择“打算”的非农业户口，也就是城—城流动人口（29.5%）比重高于上海（25.2%），也远高于广州（18.7%）；婚姻状况上，北京选择“打算”的已婚流动人口（81.6%）高于上海（80.1%）和广州（78.8%）；教育年限上，北京选择“打算”的流动人口平均受教育年限（10.5 年）高于上海（9.8 年）和广州（9.8 年）；居住年限上，北京选择“打算”的流动人口平均居住年限（6.3 年）低于上海（6.6 年），高于广州（4.2 年）；行业分布上，北京选择“打算”的流动人口从事商业的比重（59.7%）高于上海（47.8%）和广州（52.1%），从事工业的比重（19.3%）低于上海（34.9%）和广州（32.9%）；找第一份工作所花费的时间上，北京选择“打算”的流动人口平均花费时间（3.2 周）高于上海（3.1），低于广州（3.6 周）；收入上，北京选择“打算”的流动人口平均收入（4060 元）高于上海（4008.9 元）和广州（3518.53 元）；社会保险参与上，上海选择“打算”的流动人口参与养老保险和医疗保险的比例均高于北京和广州；同样，上海选择“打算”的流动人口社会融入程度也高于北京、广州两地。

在针对三地区全部流动人口建立的 Logistic 回归模型中，在控制了个人因素和社会因素后，行业类型对流动人口的居留意愿影响显著，且不同行业间的流动人口居留意愿存在显著差异性。值得注意的是，在加入了地域识别变量后，数据结果显示，相比参照组广州，北京、上海流动人口的居留意愿更为强烈。

为了验证北上广三地的流动人口居留意愿影响因素是否存在差异性，本章分别对三地区建立了 Logistic 回归模型，通过比较分析发现，在控制了个人因素和社会因素后，三地区之间，不同行业对流动人口的居留意愿的影响存在地区性差异。商业、卫生、体育和社会福利、教育文化和传媒、科研和技术对北京市流动人口的居留意愿产生一定影响。对于上海市流动人口而言，商业、金融、交通运输、卫生、体育和社会福利、科研和技术对他们的居留意愿产生一定影响。对于广州市流动人口而言，商业、卫生、体育和社会福利对他们的居留意愿产生一定影响。由此可见，在三地区中，除了商业是流动人口居留意愿的共同影响因素之外，其余的影响因素在地区间存在差异性。这也许是因为不同地区的产业结构、就业相关政策、地方文化特色、社会福利等不同所致，具体原因分析将在后续内容中探讨。

此外，除了本章重点关注的行业因素以外，三地区之间，个人因素和社会因素对流动人口居留意愿的影响的差异性也值得关注，因为这和不同地区的区位特点和流动人口的个人特征密切相关。表5.4所示，在个人因素上，居留年限、年龄、收入对三地区的流动人口居留意愿产生的影响是共同的；在社会层面上，体现社会融入程度的变量“关注城市变化”和“愿意融入本地”对三地区流动人口居留意愿产生的影响是共同的。而受教育年限、婚姻状况、户口性质、找第一份工作花费的时间、是否有养老保险、医疗保险、喜欢现居城市、觉得本地人接受自己、觉得本地人瞧不起外地人等变量对流动人口居留意愿的影响则存在差异性。

第6章 城市功能定位下的流动人口管理模式分析

6.1 特大城市面临的人口问题

从世界城市化发展规律来看，在今后相当长的一段时期内，我国将持续处在城市化快速发展的阶段（童玉芬、武玉，2013）。大规模的人口流动，尤其是从农村转移到城镇的人口流动不仅是必然现象，也是推动我国城镇化水平和速度的重要因素（陈炳欣、叶裕民，2013）。一个地区或城市的经济规模和人口规模是地区或城市发展中的两个相互依存、不可分割的基本要素，经济的发展必然伴随着人口规模的不断增长，一个地区或城市的产业集聚也必然伴随着人口聚集。促进城市的经济规模和人口规模之间协调发展已经成为城市可持续健康发展的决定性因素。自2000年以来，北京、上海、广州纷纷出台了针对“城市病”问题的人口调控政策，但结果是实际人口规模屡次突破人口调控的预设目标。究其原因，是因为特大城市的人口规模这一数字指标一直被作为人口调控的目标，而忽略了城市经济发展和人口规模之间的结构矛盾，城市的经济发展体现在产业结构的不断升级和优化，这要求就业结构能够相应地作出调整，与之相适应。产业结构由低级向高级的转变过程中，就业结构也要随之变化。

从目前北京、上海、广州三个特大城市面临的人口问题来看，三个城市的就业结构的调整与产业结构调整幅度不匹配，存在不同程度的结构偏差。总的来说，三个城市的就业结构和产业结构发展存在不同步现象。尤其是第一产业的结构偏离度虽然呈逐渐缩小的趋势，但一直为负值，存在大量剩余劳动力需要转移。北上广三地的第二产业结构偏离度存在很大差异性：北京的第二产业结构偏离度呈现出先下降至负值后升高为正值的趋势，说明随着第二产业劳动生产率的提高劳动力就业比重不断下降，而上海和广州的第二产业结构偏离度近年来下降为负值，说明随着这两个城市工业内部的产业升级，存在闲置的劳动力需要转移。北上广三地的第三产业结构偏离度同样存在很大差异性：北京的第三产业的产业结构和就业结构逐渐趋于协调发展，虽然仍有继续吸纳就业人口的可能，但基本饱和；上海的第三产业结构偏离度呈现先缩小后扩大的趋势，综合第一产业和第二产业的结构偏离度来看，随着产业结构的不断升级，第三产业吸纳了从第一产业和第二产业转移出的就业人口；广州市第三产业结构偏离度呈现出先增大后缩小的趋势，但仍处于较高值，说明第三产业对就业的促进作用不足。

表 6.1　北京市产业结构偏离度

年份	第一产业	第二产业	第三产业
1995	-5.8	2.0	3.8
1998	-8.3	-1.0	9.3
2000	-9.4	-1.0	10.4

续表

年份	第一产业	第二产业	第三产业
2002	-8.1	-5.7	13.8
2004	-5.8	3.3	2.5
2006	-5.5	2.3	3.2
2008	-5.4	2.1	3.3
2010	-5.1	4.0	1.1
2012	-4.4	3.0	1.4
2014	-3.8	3.2	0.6

表 6.2　上海市产业结构偏离度

年份	第一产业	第二产业	第三产业
1995	-7.5	2.3	5.1
1998	-10.5	3.3	7.3
2000	-9.2	2.0	7.2
2002	-9.2	5.2	4.1
2004	-7.0	10.4	-3.4
2006	-5.3	10.0	-4.7
2008	-3.9	2.9	1.0
2010	-2.7	1.3	1.4
2012	-3.5	-0.4	3.9
2014	-2.8	-0.2	3.0

表 6.3　广州市产业结构偏离度

年份	第一产业	第二产业	第三产业
1995	-16.9	7.1	9.8
1998	-16.3	5.1	11.3
2000	-15.5	1.0	14.5
2002	-15.5	-0.7	16.2
2004	-14.0	2.3	11.7
2006	-11.8	1.3	10.5

续表

年份	第一产业	第二产业	第三产业
2008	-9.1	-1.3	10.4
2010	-8.2	-2.4	10.6
2012	-7.0	-2.7	9.7
2014	-6.7	-2.7	9.4

从2014年服务业内部结构偏离度来看，三地存在很大差异（见表6.4）。北京市的金融业结构偏离度最大，达10.7%，说明该行业的就业人口比重远低于产值比重，有待促进劳动力在该行业的就业。此外，可能吸入劳动力的行业还有信息传输、软件和信息技术服务业（1.4%）和批发零售业（1.7%）。而交通运输、仓储和邮政业（-3.9%）、住宿餐饮业（-2.0%）、租赁和商务服务业（-1.5%）、居民服务、修理和其他服务业（-0.4%）的就业比重高于相应产值比重，未来需要排出一部分就业人口。

上海市的金融业同样是结构偏离度最大的行业，达12.9%。可能吸入劳动力的行业有信息传输、软件和信息技术服务业（2.9%）、房地产（3.2%）、租赁和商务服务业（2.6%）、科研和技术服务业（0.9%）等，而批发零售业（-4.3%）、住宿餐饮业（-4.0%）、居民服务、修理和其他服务业（-2.8%）的就业比重高于相应产值比重，存在大量剩余劳动力。

广州的情况与北京、上海有很大不同：批发零售的产值比重远低于就业比重，达-17.1%，说明该行业的劳动生产率较低，存在劳动力过剩情况，需要转移一部分劳动力到其他部门和行业。存在同样问题的行业还有住宿餐饮业（-2.5%）、居民服务、修理和其他服务业（-2.9%）等。而另一些行业未来可能吸入大量就业人口，如交通运输、仓储和邮政业（9.4%）、金融业（7.0%）、房地产业（4.9%）、租赁和商务服务业（3.9%）等。

总的来说，三地的现代服务业存在劳动力短缺的情况，需要促进这些行业，尤其是金融行业的就业。与北京相比，上海和广州两地的传统服务行业吸纳了过多的就业人口，尤其是批发零售业和住宿餐饮业，且广州与上海相比，批发零售行业的劳动力过剩情况尤为严重。此外，交通运输、仓储和邮政业的劳动生产率低下，未来仍会吸纳大量劳动力，这将会进一步阻碍广州市服务业内部的调整和升级。

表 6.4 北上广服务业内部结构偏离度（%）

服务业	北京	上海	广州
交通运输、仓储和邮政	-3.9	-1.2	9.4
信息传输、软件和信息技术服务	1.4	2.9	4.6
批发零售	1.7	-4.3	-17.1
住宿餐饮	-2.0	-4.0	-2.5
金融	10.7	12.9	7.0
房地产	0.8	3.2	4.9
租赁和商务服务	-1.5	2.6	3.9
科研和技术服务	0.0	0.9	0.5
水利、环境和公共设施管理	-0.7	-0.4	-0.2
居民服务、修理和其他服务业	-0.4	-2.8	-2.9
教育	-1.8	-0.9	-0.2
卫生和社会工作	-1.2	0.3	0.9
文体和娱乐	-0.1	-0.1	0.7
公共管理、社会保障和社会组织	-3.3	-0.1	0.4

6.2 特大城市产业布局对流动人口居留意愿的间接影响

在中国的城市化进程中，大规模的人口流动，尤其是从农村转移到城镇的人口流动不仅是必然现象，也是推动我国城镇化水平和速度的重要因素（陈炳欣、叶裕民，2013）。通过上文对北上广三个典型特大城市的流动人口分析，可以发现，流动人口对三地的社会经济发展均产生了积极作用，如由于流动人口的年龄结构与户籍人口相比更加年轻化，在一定程度上缓解了流入城市的人口老龄化问题；在对流入地就业人口的结构性补充上，流动人口在行业分布上对户籍人口的补充作用显著，尤其是在一些劳动强度高、工作环境差、劳动保障性弱的生产行业和生活性服务业，流动人口的就业占绝对比重，起到了重要的补充，甚至替代作用。在人口转变到来之前，流动人口大量涌入劳动密集型行业极大地降低了劳动成本，提高了用人单位的运行效率。因此，从就业结构在一定程度上反映了一个地区产业发展状况的角度讲，流动人口的就业分布变化在一定程度上反映了城市产业发展变化带来的就业需求的变动情况，从侧面为城市供求关系变化提供了参考。

首先，随着北京、上海、广州三地的产业由“二三一”转变为“三二一”结构，第三产业得到了很大发展，成为拉动流动人口就业的主要动力。

其次，从三地的服务业内部发展程度来看，虽然现代服务业在地区生产总值中的比重有了一定的提高，但是传统服务业在服务业内部仍然占据较大比重，是吸纳流动人口的主力，使得产业调整升级缓慢，影响产业结构的进一步优化。

最后，从北上广流动人口的流动原因分布情况来看，就业是流动人口离开家乡、进入特大城市的主要原因。流动人口的就业直接影响着他们的收入，以及在流入城市的生活成本、居住条件、生活方式和社会交往模式。因此，很多学者把就业问题作为研究流动人口社会融入的切入点，并进一步探讨流动人口就业和他们居留意愿之间的关系。

从本研究探讨的特大城市流动人口就业结构对居留意愿的影响情况来看，在控制了个人因素和社会因素的前提下，就业因素对北上广三地流动人口的居留意愿均有显著影响。在加入了地域识别这一变量后，数据结果显示，与参照组广州相比较，北京、上海流动人口的居留意愿更为强烈。此外，三地在就业因素对居留意愿的影响上存在行业间的差异性。具体表现为：商业、卫生/体育/社会福利、教育/文化和传媒、科研和技术对北京市流动人口的居留意愿产生一定影响；而对于上海市流动人口而言，商业、金融、交通运输、卫生/体育/社会福利、科研和技术对他们的居留意愿产生一定影响；对于广州市流动人口而言，商业、卫生/体育/社会福利对他们的居留意愿产生一定影响。由此可见，在此三地区中，除了从事商业对流动人口居留意愿的影响是共同的之外，其余的影响因素在地区间存在差异性。这也许跟不同地区的产业结构、就业相关政策、地方文化特色、社会福利等不同有很大关系。

6.3 流动人口的居留意愿对城市发展的影响

流动人口的居留意愿是流动人口由流动性迁移是否向永久性迁

移转移的重要影响因素，也是单纯的空间转移向生活方式、文化心理重构的开始（林家琦，2007）。流动人口的居留意愿不仅反映了流动人口的社会融入情况，影响着我国城市化速度和质量，也在促进人口有序流动，在空间和地域上的合理分布和公共服务、社会管理方面的加强和完善，为相关决策部门提供了重要依据（蔚志新，2013）。在某种程度上来说，流动人口的居留意愿更是对现行人口调控政策的现实反映和实践检验。

6.4 城市功能定位与人口在空间上的有序流动

学术界对人口流动对区域经济差异的影响存在不同观点。一些学者认为劳动力从经济欠发达地区向发达地区流动，可以提高欠发达地区的劳动力边际产出，缩小地区间工资水平差异，进而促进地区经济收敛。而另一些经济学家认为，发达地区凭借自身的资源优势对劳动力形成的吸力所带来的经济集聚效应会使地区间的差距进一步拉大。

总的来说，目前中国正处于转型中的二元经济期，人口流动一方面会为产业结构升级提供必要的劳动力保障，促进经济发展和城市居民收入水平的提高，另一方面，人口流动也会存在扩大地区差距的影响。

此外，从未来特大城市产业发展趋势来看，特大城市的人口产业结构逐步从传统型向现代型转变，新兴的现代服务业部门需要相应的人力资本结构及时作出调整，以实现就业岗位类型的平稳过渡，如果大量低端的人力资本在经济增长与产业升级中难以实现及时有效调整，继续滞留传统行业，那么就会出现劳动力过剩或结构性失业。而那些具有发展前景的新兴产业由于缺乏高端专业化人才支撑，将会造成产业发展缓慢和转移劳动力的吸纳能力低下。

城市功能定位与城市发展紧密相关，不同的城市功能定位对应的产业结构、社会经济发展以及人口与人口就业途径不同，会产生对不同就业人口的吸引力差异，其最终目的在于吸纳那些与未来产业结构发展趋势一致的就业人口，实现城市产业结构和就业人口、经济结构和人口规模相匹配。在流动人口增长是城市人口增长主要来源的前提下，通过城市功能定位和产业布局规划，可以有效地进行人口有序流动的政策调控。以北京为例，2014 年 12 月，习近平总书记在考察北京时，就推进北京发展和管理工作提出，“要明确城市战略定位，坚持和强化首都全国政治中心、文化中心、国际交往中心、科技创新中心的核心功能，深入实施人文北京、科技北京、绿色北京战略，努力把北京建设成为国际一流的和谐宜居之都。要调整疏解非首都核心功能，优化三次产业结构，优化产业特别是工业项目选择，突出高端化、服务化、集聚化、融合化、低碳化，有效控制人口规模，增强区域人口均衡分布，促进区域均衡发展”。这两个要求为未来北京市人口调控指明了思路，即利用北京市城市功能定位，促进产业结构调整，使其与首都城市发展定位相符，进而优化在京人口的就业结构，以达到人口调控的目的。

第7章

结论和讨论

7.1　主要结论

本研究以北京、上海、广州三个特大城市流动人口为研究对象，基于城市人口增长的一般规律——城市的人口规模需要和经济发展相协调的相关理论和经验，对城市功能定位下的特大城市流动人口调控模式进行了研究，通过对特大城市流动人口的现状、产业发展对流动人口就业的影响、特大城市面临的人口问题、流动人口居留意愿及其影响因素的分析，得出如下基本结论：

第一，就业人口分布与产业结构均衡发展是城市社会经济规模和人口规模协调发展的重要前提。

从北京、上海、广州三个典型特大城市面临的人口发展问题可以发现，目前，三个城市所面临的人口过度集中带来的“城市病”背后，均存在城市人口的就业结构与产业结构发展不匹配的问题，而且流动人口就业结构滞后于未来产业发展趋势的现象严重。虽然同为特大城市，由于不同城市区位功能性质、社会发展水平、流动人口自身特征存在一定差异性，三个城市产业结构变化对流动人口就业的吸纳和影响也存在一定差异性。北京市的第三产业，尤其是第三产业中的传统服务业部门吸纳了大量流动人口；上海的制造业和低端的生活性服务业是吸纳流动人口的主要行业；广州的制造业和传统服务业是吸纳流动人口的主要行业。

第二，第三产业的发展成为拉动特大城市流动人口就业的主要动力，服务业内的传统部门是吸纳流动人口的主力。

三地的服务业已经占据优势地位，新兴的现代服务行业，如金融业、房地产业、信息传输、软件和信息技术服务业等行业比重有了不同程度的增长，但是增长幅度仍未赶上传统服务业，如批发零售、住宿餐饮、交通运输、仓储和邮政业，形成现代服务业比重较低、发展不足，而传统服务业比重较高的第三产业内部格局。加上由于长久以来工业部门，尤其是制造业部门的比重居高不下，产业结构调整升级过慢，在一定程度上也限制了流动人口就业结构的高级化，使得大部分流动人口过度集中于制造业、批发零售业、住宿餐饮业、居民服务业等一些传统行业。

第三，在城市功能定位引导下，通过产业结构调整实现对特大城市流动人口调控具有可行性。

不同的城市功能定位有其对应的城市产业布局要求，而产业结构从根本上决定了就业结构，从而促进城市经济发展和人口规模的动态平衡。首先，北上广三个特大城市的产业结构存在一定差异性。北京的第三产业和现代服务业发展水平较高，而上海和广州的产业结构调整升级则较为迟缓，工业和传统服务业依旧占据较高的比重。随着经济结构即产业结构及其布局的变化，三个城市的就业结构在不同程度上均发生了相应的变动，但存在就业结构滞后于产业结构变化的现象。从北京面临的城市人口问题来看，虽然三次产业的就业结构与产业结构变化一致，并逐渐由结构偏离走向一致，但是，随着第三产业内部的不断分化，现代服务业逐渐从服务业内部脱离，成为未来服务业的发展方向，而流动人口中，从事传统服务业的就业人口比重相对过高，且受教育程度不高，使这些传统服务业的就业长期处于过度膨胀的状态，并因此成为北京市产业结构进一步调整升级的障碍。从上海和广州面临的城市人口问题来看，都面临着产业结构低端化、工业行业的就业人口过度膨胀、现代服务业中的新兴行业发展不足带来的产业结构升级缓慢的问题。不同的是，相比上海，广州市流动人口的短期化居留模式特征明显，给城市就业市场的稳定性和城市人口管理带来更为严峻的挑战。

第四，就业因素是影响北上广三个特大城市流动人口居留意愿的共同因素，但是三地流动人口的居留意愿存在行业间差异。

在控制了人口学因素和社会因素后，就业因素是影响北上广三个特大城市流动人口居留意愿的共同因素，且不同行业间的流动人口居留意愿存在地区性差异。商业、卫生、体育和社会福利、教育文化和传媒、科研和技术对北京市流动人口的居留意愿产生一定影响。对于上海市流动人口而言，商业、金融、交通运输、卫生、体育和社会福利、科研和技术对他们的居留意愿产生一定影响。对于广州市流动人口而言，商业、卫生、体育和社会福利对他们的居留意愿产生一定影响。由此可见，在三地区中，除了从事商业对流动人口居留意愿的影响是共同的之外，其余的影响因素在地区间存在差异性。这也许是因为不同地区的产业结构、就业相关政策、地方文化特色、社会福利等不同所致。

第五，就业因素并非是影响北上广三地的流动人口居留意愿的唯一因素，流动人口的居留意愿还受如流动人口个人特征、社会因素的共同影响，存在流动人口居留意愿与调控政策不一致的情况。

个人因素和社会因素对流动人口的居留意愿的影响也存在差异性。在个人因素上，居留年限、年龄、收入对三地区的流动人口居留意愿产生的影响是共同的；在社会层面上，体现社会融入程度的变量“关注城市变化”和“愿意融入本地”对三地区流动人口居留意愿产生的影响是共同的。而受教育年限、婚姻状况、户口性质、找第一份工作花费的时间、是否有养老保险、医疗保险、喜欢现居城市、觉得本地人接受自己、觉得本地人瞧不起外地人等变量对流动人口居留意愿的影响则存在差异性。

基于上述结论，本研究对北京市的人口调控提出如下基本建议：

第一，将流动人口纳入城市的发展规划中。通过行政强制手段来限制流动人口的就业发展是不可取的。随着居住时间长期化，流动人口已经逐步变为城市的常住人口。针对流动人口居留意愿与人口调控相关政策矛盾的问题，政府应正视他们的生存、就业和发展问题，改善他们的生存和发展环境，为他们的就业发展提供宽容的环境和便利的条件。

第二，发挥政府作用，加强流动人口的就业培训，以服务创新促进传统服务业的发展。面对特大城市产业结构的调整升级，流动人口的就业严重滞后于未来产业发展，但是流动人口目前的就业行业与人们生活息息相关，在短时间内不会被淘汰。近年来以家政服务、钟点工等为代表的新的服务形式的出现为这一传统的服务行业注入了新的活力，成为第三产业各行业中发展较快的一个行业，这也是促进发达国家第三产业比重提高的重要因素。今后北上广三地也应该加快创新，不断推出满足居民生活需求的新的服务形式，促进第三产业的发展。

同时，提高人口素质和职业技能是促进产业发展和提高从业人员水平的根本途径。很多流动人口也表达了要提高自身素质和技术能力的需求，而政府作为公共资源的提供者，应该拓宽流动人口的就业信息渠道，增加相关职业技能培训机会。

此外，随着新生代流动人口比重逐渐升高，流动人口内部的异质性凸显，政府也应关注新生代流动人口这一群体的就业诉求。他们相比老一代流动人口，受教育程度高，接受信息和适应能力快，脑力劳动的从业人员比重高，他们更向往体面的工作和生活，政府应加大对该群体的教育支持，加强对他们的专业知识和职业技能的培训。

第三，借助国家对三个城市功能定位的引导、相关产业疏解政策的提出，以及区域间协同发展的机遇，引导流动人口在空间上的合理、有序流动，促进特大城市流动人口就业结构的优化。

7.2 主要创新

本研究立足于特大城市流动人口现状和居留意愿分析，对城市功能定位下的流动人口管理模式进行了探索性研究。本研究的创新性主要体现在：

在研究方法上，学术界以往对人口调控的研究集中在通过质性研究方法探讨以产业布局的调整实现人口调控的有效性。而本研究使用最新的全国性流动人口调查数据，用定量的分析方法，针对产业布局和流动人口就业结构的关系、流动人口就业结构和居留意愿的关系两方面，从流动人口就业对城市未来产业发展的影响的角度，分析了我国特大城市人口调控政策和流动人口管理。

在研究视角上，本研究从流动人口居留意愿这一微观层面，分析特大城市人口调控模式，提出城市功能定位下的产业布局是引导流动人口有序流动、引导流动人口在空间上的合理分布的重要依据。

7.3 研究不足及未来可能研究的空间

当前，由于数据缺乏等原因，本研究也存在一些不足，主要包括：

（1）缺乏不同年份流动人口行业分布变化数据，未能对城市的产业结构变化对流动人口的就业影响进行进一步的细致分析。

（2）以流动人口调查反映的居留意愿作为流动人口对城市人口调控的反应，只能间接反映目前人口调控的效果，具有一定的局限性。

附　录

附表1　北京市人口增长构成（%）

年份	流动人口年增长量（万人）	户籍人口年增长量（万人）	常住人口年增长量（万人）	流动人口增长比重（%）
1979	4.7	20.9	25.6	18.4
1980	−7.9	15.1	7.2	−109.7
1981	−0.2	15.1	14.9	−1.3
1982	−1.2	17	15.8	−7.6
1983	−0.4	15.4	15	−2.7
1984	3	12	15	20.0
1985	3.3	12.7	16	20.6
1986	33.7	13.3	47	71.7
1987	2.2	16.8	19	11.6
1988	0.8	13.2	14	5.7
1989	−5.9	19.9	14	−42.1
1990	−0.1	11.1	11	−0.9
1991	0.7	7.3	8	8.8
1992	2.6	5.4	8	32.5
1993	3.7	6.3	10	37.0
1994	2.4	10.6	13	18.5
1995	117.6	8.5	126.1	93.3
1996	0.9	7.4	8.3	10.8

续表

年份	流动人口年增长量（万人）	户籍人口年增长量（万人）	常住人口年增长量（万人）	流动人口增长比重（%）
1997	-27.2	7.8	-19.4	140.2
1998	-0.4	6	5.6	-7.1
1999	3.3	8.3	11.6	28.4
2000	98.7	7.7	106.4	92.8
2001	6.7	14.8	21.5	31.2
2002	24.1	14	38.1	63.3
2003	20.7	12.5	33.2	62.3
2004	22.2	14.1	36.3	61.2
2005	27.5	17.8	45.3	60.7
2006	46.1	16.9	63	73.2
2007	59.3	15.7	75	79.1
2008	78.4	16.6	95	82.5
2009	73.1	15.9	89	82.1
2010	90.5	11.4	101.9	88.8
2011	37.5	19.2	56.7	66.1
2012	31.6	19.1	50.7	62.3
2013	28.9	16.6	45.5	63.5
2014	16	20.8	36.8	43.5

附表2　北京市三次产业对地区生产总值增长的拉动情况（%）

年份	总值	第一产业	第二产业	第三产业
2001	11.7	0.1	3.1	8.5
2002	11.5	0.1	2.7	8.7
2003	11.1	—	3.7	7.4
2004	14.1	—	5.3	8.8
2005	12.1	—	3.2	8.9
2006	13	—	3.1	9.9
2007	14.5	—	3.6	10.9

续表

年份	总值	第一产业	第二产业	第三产业
2008	9.1	—	0.2	8.9
2009	10.2	—	2.7	7.5
2010	10.3	—	3.5	6.8
2011	8.1	—	1.6	6.5
2012	7.7	—	1.8	5.9
2013	7.7	—	1.9	5.8
2014	7.3	—	1.6	5.7
2015	6.9	-0.1	0.8	6.2

附表3　北京市三次产业贡献率（%）

年份	第一产业	第二产业	第三产业
2001	0.8	26.7	72.5
2002	0.5	23.4	76.1
2003	-0.2	33.4	66.8
2004	-0.1	37.9	62.2
2005	-0.3	26.9	73.4
2006	0.1	23.5	76.4
2007	0.2	24.9	74.9
2008	0.1	2.4	97.5
2009	0.4	26.5	73.1
2010	-0.1	34.4	65.7
2011	0.1	19.7	80.2
2012	0.3	22.9	76.8
2013	0.3	24.3	75.4
2014	—	21.7	78.3
2015	-1.1	10.9	90.2

表 4　北京市不同时期的常住人口和外来人口

人口类别	指标	时期			
		1995—2000 年	2001—2005 年	2006—2010 年	2011—2014 年
增长量（万人）	常住人口	112.5	152.9	360.9	133
	常住外来人口	75.3	94.5	301.3	76.5
	户籍人口	37.2	58.4	60.2	55.5
平均每年增长（万人）	常住人口	22.5	38.2	90.2	44.3
	常住外来人口	15.1	23.6	75.3	25.5
	户籍人口	7.4	14.6	15.1	18.5
年均增长率（%）	常住人口	1.7	2.7	5.2	2.1
	常住外来人口	7.2	8	15.0	3.3
	户籍人口	0.7	1.3	1.2	1.4

表 5　三地流动人口工作地点区域

工作地点所在区域	北京市	广州市	上海市
市区	51.80%	29.90%	27.40%
城乡结合部	23.20%	38.00%	19.20%
县城	2.80%	0.90%	3.70%
乡镇	10.30%	13.30%	30.70%
农村	11.70%	17.80%	18.80%
其他	0.10%	0.10%	0.20%

表 6　三地流动人口上班单程时间（分钟）

变量	北京市	上海市	广州市
平均时间	19.46	16.19	11.21

资料来源：北京市统计局统计年鉴

参考文献

[1] Bain J S. International Differences in Industrial Structure[M]. John Wiley & Sons, 1966.

[2] Northam R M. Urban geography[M]. John Wiley & Sons, 1979.

[3] W G Hoffmann. Growth of Industrial Economics[M]. Manchester University Press, 1958:20 – 30.

[4] YuichiShionoya. Patterns of Industrial Growth in the United States and Sweden – A Critique of Hoffmann's Hypothesis[J]. Hitotsubashi

[5] Journal of Economics, 1964, 5(1):52 – 89.

[6] E H Chamberlin. The Theory of Monopolistic Competition [M]. Cambridge: Harvard University Press, 1933.

[7] Joan Robinson. The Economics of Imperfect Competition[M]. London: Macmillan, 1933.

[8] Fisher A G. Production, Primary, Secondary, and Tertiary[J]. Economic Record, 1939, (6):30 – 46.

[9] Clark C. The Conditions of Economic Progress[M]. Macmillan, 1957:3 – 17.

[10] Simon Kuznets. Economic Growth of Nations: Total Output and

Production Structure[M]. Harvard University Press, 1971. 121.

[11] Chenery H B, Elkington H, Sims C. A Uniform Analysis of Development Pattern[C]. Harvard University Center for International Affairs.

[12] Economic Development Report. Cambridge Mass, 1970: 162.

[13] Syrquin M, Chenery H B. Three Decades of Industrialization [J]. The World Bank Review, 1989, (3): 152 - 153.

[14] Boeke. Economics and Economic Policy of Dual Societies, As Exemplified ByIndonesia[J]. New York: International Secretariat of the Institute of Pacific Relations, 1953.

[15] Lewis W. Arthru. Economic Development with Unlimited Supplies of Labor[J]. Manchester School, 1954, (22): 139 - 191.

[16] Fei C H, Rains G A. Theory of Economic Development[J]. American Economic Review, 1961, 51(4): 533 - 558.

[17] Todaro. Michael. A Model of Labor Migration and Urban Unemployment in Less Developed Countries[J]. American Economic Review, 1969, (59): 138 - 148.

[18] Schultz. Investment in Human Capital[J]. American Economic Review, 1961, 51, (1): 1 - 17.

[19] Hayami Yujiro, V W Ruttan. Agricultural Development: an International Perspective[M], Baltimore: Baltimore Johns Hopkins Press, 1971.

[20] Myrdal G. Economic Theory and Under - developed Regions [M]. Duckworth, London, 1957.

[21] Leontief, Wassily W. Quantitative Input and Output Relations in the Economic Systems of the United States[J]. The Review of Economic-

sand Statistics,1936,18(3):105 – 125.

[22]Charles W Cobb,Paul H. Douglas. A Theory of Production[J]. The American Economic Review,1928,18(1):139 – 165.

[23]P N Rosenstein – Rodan. Problems of Industrialisation of Eastern and South – Eastern Europe[J]. The Economic Journal. 1943,53 (210/211):202 – 211.

[24]Nurkse,Ragnar. Problems of Capital Formation in Underdeveloped Countries[M]. Oxford University Press,1953.

[25]Rostow W W. The Stages of Growth:A Non – communist Manifesto[M]. Cambridge University Press,1960.

[26]Rostow W W. Politics and the Stages of Growth[M]. CUP Archive,1971.

[27]Hirschman A O. The Strategies of Economic Development[M]. New Haven:Yale University Press,1958.

[28]Vernon R. International Investment and International Trade in the Product Cycle [J]. The Quarterly Journal of Economics, 1996:190 – 207.

[29] Abernathy, Tolonsend. Technology, Productivity and Process Change[M]. Technology Forecasting and Social Change, July, 1975: 639 – 656.

[30]Uttethack J M. The Dynamics of Product and Process Innovation in Industry[A]/ /C T Hill,J M Uttethack. Technology Innovation for a DynamicEconomy[C]. New York:Pergamon Press,1979.

[31]Gort M,S Klepper. Time Paths in the Diffusion of Product Inno-

vations[J]. Economic Journal,1982(92):630 – 653.

[32]Clark C. The Conditioins of Economic Progress [M]. London: McGraw – Hill, 1957.

[33]Kuznets S. Quantitative Aspects of the Economic Growth of Nations [J]. Econ Dev Change, 1957,(4):3 – 111.

[34] Martin Zagler. Economic Growth, Structural Change, and Search Unemployment [J]. Journal of Economics, 2009,96(1):63.

[35] Lewis, W. Arthur. Economic development with unlimited supplies oflabor[J]. The Manchester School of Economic and Social Studies, 1954(22).

[36]N · Chen, P · Valente, H · Ztotnik. WhatDo We Know about Recent Trends inUrbanization? Migration, Urbanization andDevelopment [M]. New Directions PublishingCorporation,1998.

[37]World Bank, World Development Report[R]. New York: Oxford University Press,1992.

[38]United Nations: World urbanization prospects: The 2003 Revision [M]. New York: United Nations,2004.

[39]Kasarda J D, Crenshaw E M. Third world urbanization: Dimensions, theories, and determinants[J]. Annual Review of Sociology, 1991, 17(1): 467 – 501.

[40]Heilig G K. World urbanization prospects: the 2011 revision [J]. United Nations, Department of Economic and Social Affairs (DESA), Population Division, Population Estimates and Projections Section, New York, 2012.

[41]Abu - Lughod J, Hay R J. Third world urbanization[M]. Routledge, 2013.

[42] Brueckner J K. Analyzing third world urbanization: A model with empirical evidence[J]. Economic Development and Cultural Change, 1990, 38(3): 587 - 610.

[43]Zlotnik H. World urbanization: trends and prospects[J]. New forms of urbanization: Beyond the urban - rural dichotomy, 2004:43 - 64.

[44]Chen M, Liu W, Tao X. Evolution and assessment on China's urbanization 1960 - 2010: under - urbanization or over - urbanization? [J]. Habitat International, 2013, 38: 25 - 33.

[45] Chang G H, Brada J C. The paradox of China's growing under - urbanization[J]. Economic Systems, 2006, 30(1): 24 - 40.

[46]Yixing Z, Ma L J C. China's urbanization levels: Reconstructing a baseline from the fifth population census[J]. The China Quarterly, 2003, 173: 176 - 196.

[47]Friedmann J. Four theses in the study of China's urbanization [J]. International journal of urban and regional research, 2006, 30(2): 440 - 451.

[48] Chan K W. Fundamentals of China's urbanization and policy [J]. China Review, 2010: 63 - 93.

[49]Chen M X, Lu D D, Zhang H. Comprehensive evaluation and the driving factors of China's urbanization[J]. Acta Geographica Sinica, 2009, 64(4): 387 - 398.

[50]Yixing Z. Thoughts on the speed of China's urbanization[J].

City Planning Review, 2006, 30(B11): 32－35.

[51]筱原三代平. 产业结构与投资分配[J]. 一桥大学经济研究,1957,(4).

[52]赤松要. 我国产业发展的雁行形态[Z]. 东京,一桥论丛,1957:38－50.

[53]关满博. 东亚新时代的日本经济—超越“全套型”产业结构[M]. 上海:上海译文出版社,1997.

[54]马歇尔. 经济学原理(上卷)[M]. 北京:商务印书馆,1983:157,240.

[55]钱纳里,鲁宾逊,赛尔奎因. 工业化和经济增长的比较研究[M]. 上海:上海三联书店,1989:234－266.

[56]钱纳里,鲁宾逊,赛尔奎因. 工业化和经济增长的比较研究[M]. 吴奇,王孙宝译. 上海:上海人民出版社,1986:48－50.

[57]库兹涅茨. 各国的经济增长——总产值和生产结构[M]. 北京:商务印书馆,1985:118.

[58]钱纳里,赛尔昆因. 发展的形式——1950－1970[M]. 北京:经济科学出版社,1988:18.

[59]钱纳里,鲁宾逊,赛尔奎因. 工业化和经济增长的比较研究[M]. 上海:上海三联书店,1989:234－266.

[60]威廉·配第. 政治算术[M]. 北京:商务印书馆,1978:19－20.

[61]H. 钱纳里,S. 鲁滨逊,M. 赛尔昆. 工业化和经济增长的比较研究 [M]. 上海:上海三联书店,1995.

[62]朱传耿等. 中国流动人口的影响要素与空间分布. 地理学报, 2001. 56(5): 549－560.

[63]王继源，陈璋，胡国良．京津冀协同发展下北京市人口调控：产业疏解带动人口疏解．中国人口·资源与环境，2015(10)：111－117.

[64]陈剑，庞丽华，闫萍．北京市就业人口的流动趋势——从产业结构透视就业结构．前线，2012(05)：24－26.

[65]沈琴琴，张艳华．北京市产业结构调整下的流动人口就业结构研究．中共济南市委党校学报，2010(04)：9－12.

[66]吴良镛，毛其智，张杰．面向21世纪——中国特大城市地区持续发展的未来——以北京、上海、广州三个特大城市地区为例．城市规划，1996(4).

[67]张祺．收获人口红利的途径—兼论上海和广东对流动人口的吸纳能力．中国人口学家前沿论坛，2006.

[68]王慧博．流动人口对广州社会发展的影响及对策．南方农村，2006(2)：25－28.

[69]国家人口计生委流动人口服务管理司．引导人口有序流动迁移促进城镇化健康发展——人口流动迁移与城镇化国际研讨会综述．人口研究，2010．34(5)：88－92.

[70]王桂新，黄祖宇．中国城市人口增长来源构成及其对城市化的贡献：1991－2010．中国人口科学，2014(2).

[71]尹文耀．论城市人口规模结构与社会经济发展．人口研究，1987．11(4)：9－13.

[72]尹文耀．世界城市人口规模结构与社会经济发展．世界经济，1987(8)：41－47.

[73]王春兰，杨上广．大城市人口总量变动分析及启示．学习与

实践, 2012(9):28 – 34.

[74]朱金平, 宋云河,傅兆君. 城市化对经济增长影响机制研究. 合作经济与科技, 2008(20):8 – 9.

[75]胡彬. 上海人口动力与城市增长研究. 城市问题, 1998(5):19 – 22.

[76]杨亮,杨胜利. 上海市流动人口特征与区域经济发展关系研究. 人口与社会, 2014,30(1):22 – 26.

[77]魏作磊,胡霞. 加快结构升级,促进广州第三产业发展——对广州第三产业结构变动的一般分析. 南方经济, 2001,146(11):74 – 76.

[78]张浩然,衣保中. 产业结构调整的就业效应:来自中国城市面板数据的证据. 产业经济研究, 2011(3):50 – 55.

[79]李叶妍. 人口转移就业、产业发展与城市包容度关系研究. 现代管理科学, 2016(8):45 – 47.

[80]任远."逐步沉淀"与"居留决定居留"—上海市外来人口居留模式分析. 中国人口科学, 2006(3):67 – 72.

[81]姚媛. 北京市产业结构与就业结构的关系研究, 2016, 北京交通大学.

[82]王建军,吴志强. 城镇化发展阶段划分. 地理学报, 2009,64(2): 177 – 188.

[83]焦秀琦. 世界城市化发展的S型曲线. 城市规划, 1987(2):34 – 38.

[84]李拓,李斌. 中国跨地区人口流动的影响因素——基于286个城市面板数据的空间计量检验. 中国人口科学, 2015(2): 73 – 83.

[85]马永春. 产业结构演进对人口流动的影响研究. 统计科学与实践, 2013(2): 25－27.

[86]于涛方. 中国城市人口流动增长的空间类型及影响因素. 中国人口科学, 2012(4): 47－58.

[87]陈一鸣,全海涛. 试划分我国工业化发展阶段. 经济问题探索, 2007(11): 166－170.

[88]安慧,李增永. 经济发展对外来人口影响因素分析. 北京市第十六次统计科学讨论会. 2011.

[89]王军. 北京市工业产业转移与京津冀地区经济发展研究, 首都经济贸易大学.

[90]王莹莹,童玉芬. 产业集聚与结构高度化对北京人口规模的影响:膨胀还是收敛. 人口学刊, 2015,37(6):5－13.

[91]方远平,毕斗斗. 国内外服务业分类探讨. 国际经贸探索, 2008,24(1):72－76.

[92]姚永玲,陈卓咏. 服务业分类方案探讨——以北京市为例. 经济管理,2008(6):6－91.

[93]隆学文等. 北京市服务业如何转型升级. 前线, 2014(2): 91－93.

[94]李然,罗俊. 京津冀产业转移评价体系研究. 江西社会科学, 2016(3):67－74.

[95]申静,周青. 北京市高端服务业的内涵和外延. 技术经济, 2015,34(9):38－43.

[96]江慧. 北京市生产性服务业对经济增长的贡献研究. 大连海事大学,2013.

[97]韩景华．我国发达城市服务业发展与就业弹性问题研究——以北京市为例．经济纵横，2007(23):32-34.

[98]黄荣清.1980年代以来北京市城市化过程中人口分布的变化．人口研究，2005,29(5):19-26.

[99]张建斌．浅析城市流动人口对城市发展的影响及其管理．科技资讯，2007(13):171-171.

[100]刘晶．中国产业结构升级与经济增长的关联．商，2013(16):245-245.

[101]石腾超．北京市"去工业化"产业结构升级研究——来自国际化大都市的经验借鉴．今日中国论坛，2012(10):132-134+136.

[102]何圣,王菊芬．改革开放后北京、上海、广州对流动人口的经济拉力因素的分析．西北人口，2007,28(3):8-11.

[103]王昊．北京就业弹性系数的分析与启示．北京行政学院学报，2011(5):75-78.

[104]王昊．北京就业增长、经济增长和政策调整——以就业弹性系数为分析工具．2011北京两届联席会议高峰论坛文集．2011.

[105]王千闻．经济增长与就业的关系．黑龙江人力资源和社会保障，2011(10):30-31.

[106]陈凯．服务业对广州就业吸纳作用的实证分析．商讯商业经济文荟，2005(5):59-62.

[107]张车伟,蔡昉．就业弹性的变化趋势研究．中国工业经济，2002(5):22-30.

[108]李琦．产业结构变迁下的北京市就业结构研究——基于

1995－2014年经验的分析. 北京劳动保障职业学院学报, 2015,9(4):3－8.

[109]王阳,李正龙,张艳. 基于上海就业弹性分析的促进就业对策研究. 劳动保障世界,2009(4):85－88.

[110]赵建国. 经济增长促进就业的实证分析. 财经问题研究,2003(5):93－96.

[111]蒲艳萍,吴永球. 经济增长、产业结构与劳动力转移. 数量经济技术经济研究, 2005,22(9):19－29.

[112]章莉. 城市化推进产业结构升级. 经济师, 2005(9):68－69.

[113]李惠玲,朱永杰. 北京市产业结构和就业结构的弹性与关联分析. 山西财经大学学报, 2008(s1):75－76.

[114]刘长安. 北京市流动人口就业分布对产业结构升级的启示. 人口变化与社会发展学术研讨会暨人口学科建设与学术期刊发展研讨会,2011.

[115]赵占华. 北京市流动人口增长机制及影响因素分析. 首都经济贸易大学,2014.

[116]陈天惠,刘盛和. 我国人口流动研究综述. 安徽农业科学,2009,37(30):14940－14942.

[117]姚华松, 许学强,薛德升. 中国流动人口研究进展. 城市问题, 2008(6):69－76.

[118]张戎舟,黄玉捷. 上海流动人口变动趋势及未来政策走向. 人口与可持续发展战略国际研讨会,2004.

[119]张百新. 广州市流动人口的历史变动研究. 人口与经济,

2008(s1).

[120]蔡昉. 人口迁移和流动的成因、趋势与政策. 中国人口科学, 1995(6):8 - 16.

[121]郑真真,杨舸. 中国人口流动现状及未来趋势. 人民论坛, 2013(11):6 - 9.

[122]李芸莉,张炜. 从流动人口看北京人口发展. 人口与计划生育, 2009(12):34 - 35.

[123]耿鑫. 北京市与国内几个城市人口与经济发展关系比较研究. 首都人口与发展论坛. 2005.

[124]李铁, 范毅. 我国城市流动人口和北京市人口问题研究[M]. 北京:中国发展出版社,2013.

[125]周昌林, 魏建良. 流动人口对城市产业结构升级影响的实证研究——以宁波市为例[J]. 社会,2007(4)

[126]李超,张红宇,卢健,覃飙. 北京市人口调控与产业结构优化的互动关系[J]. 城市问题,2013(08)

[127]刘长安. 北京市流动人口就业分布对产业结构升级的启示[C]. 人口变化与社会发展学术研讨会暨人口学科建设与学术期刊发展研讨会,2011.

[128]宾长初. 人口的经济性流动与近代社会变迁[M]. 桂林:广西师范大学出版社,2008

[129]陈晖. 全球性国际城市的服务业及其发展历程[EB/OL].

[130]辜胜阻. 非农化与城镇化研究[M]. 浙江:浙江人民出版社,1991

[131]张先兵. 北京市流动人口发展趋势及调控管理研究[J]. 现

代管理科学,2013(05)

[132]黄匡时,嘎日达.流动人口来京主要成因分析[J].陕西行政学院学报,2011(4)

[133]赵嘉,唐家龙.美国产业结构演进与现代产业体系发展及其对中国的启示——基于美国1947—2009年经济数据的考察[J].科学学与科学技术管理,2012(01)

[134]严效民,胡汉辉.基于平台理论的区域产业发展平台分析——以苏州工业园区为例[J].科学学与科学技术管理,2011(11).

[135]胡玉萍.留京,还是返乡——北京市流动人口迁移意愿实证分析[J].北京社会科学,2007(5).

[136]孟兆敏,吴瑞君.城市流动人口居留意愿研究[J].人口与发展,2011(3).

[137]段成荣,杨舸,张斐,卢雪和.改革开放以来我国流动人口变动的九大趋势[J].人口研究,2008(6).

[138]卫龙宝,胡慧洪,钱文荣,曹明华.城镇化过程中相关行为主体迁移意愿的分析——对浙江省海宁市农村居民的调查[J].中国社会科学,2003(5).

[139]侯红娅,杨晶,李子奈.中国农村劳动力迁移意愿实证分析[J].经济问题,2004(7).

[140]马九杰,孟凡友.农民工迁移非持久性的影响因素分析——基于深圳市的实证研究[J].改革,2003(4).

[141]任远,戴星翼.外来人口长期居留倾向的Logit模型分析[J].南方人口,2003(4).

[142]胡陈冲,朱宇,林李月,王婉玲.流动人口的户籍迁移意愿及

其影响因素分析[J].人口与发展,2011(3).

[143]侯佳伟.人口流动家庭化过程和个体影响因素研究[J].人口研究,2009(3).

[144]郭建玉.中山市流动人口居留意愿研究[J].南京人口管理干部学院学报,2010(2).

[145]周元鹏.流动人口居留意愿内部分化研究——以温州市为例[J].南方人口,2010(6).

[146]翟振武,段成荣,毕秋灵.北京市流动人口最新状况与分析[J].人口研究,2007(2).

[147]赵艳枝.外来人口的居留意愿与合理流动——以北京市顺义区外来人口为例[J].南京人口管理干部学院学报,2006(4).

[148]朱宇.户籍制度改革与流动人口在流入地的居留意愿及其制约机制[J].南方人口,2004(3).

[149]李强.影响中国城乡流动人口的推力与拉力因素分析[J].中国社会科学,2003(1).

[150]王春兰,丁金宏.流动人口城市居留意愿的影响因素分析[J].南方人口,2007(1).

[151]吴兴陆,亓名杰.农民工迁移决策的社会文化影响因素探析[J].中国农村经济,2005(1).

[152]洪小良.城市农民工的家庭迁移行为及影响因素研究——以北京市为例[J].中国人口科学,2007(6).

[153]熊波,石人炳.农民工永久性迁移意愿影响因素分析[J].人口与发展,2009(2).

[154]林李月,朱宇,李祥德.不同流迁意愿下流动人口的居住问

题与对策——基于对福建3 市的调查[J].南京人口管理干部学院学报,2008(3).

[155]侯慧丽,李春华.北京市流动人口住房状况的非制度影响因素分析[J].北京社会科学,2010(5).

[156]周皓.中国人口迁移的家庭化趋势及影响因素分析[J].人口研究,2004(6).

[157]陆杰华,李月.特大城市人口规模调控的理论与实践探讨——以北京为例[J].上海行政学院学报,2014,01:13-22.

[158]朱生志.首都人口调控路在何方[J].北京观察,2014,04:40-43.

[159]张强,周晓津.我国大城市人口规模估算与调控路径选择[J].西部论坛,2014,02:1-16.

[160]赵燕霞,刘黎.北京人口调控举措的选择——来自国外特大型城市的经验借鉴[J].北京市经济管理干部学院学报,2014,01:21-26.

[161]陈佳鹏,黄匡时.特大城市的人口调控:东京经验及其启发[J].中国人口.资源与环境,2014,08:57-62.

[162]张庆伟,滕帆.产业结构升级下慈溪流动人口调控政策研究[J].现代商贸工业,2014,14:30-32.

[163]刘桂珍.北京人口发展现状及人口调控机制研究[J].科技创新与生产力,2014,09:5-7.

[164]郃鹏峰.产业转型升级对外来人口调控作用研究:以上海浦东为例[J].现代管理科学,2014,09:81-83.

[165]刘洁,苏杨,魏方欣.基于区域人口承载力的超大城市人口

规模调控研究[J]. 中国软科学,2013,10:147 -156.

[166]罗源昆,王大伟,刘洁,苏杨. 大城市的人口只能主要靠行政手段调控吗——基于区域人口承载力研究[J]. 人口与经济,2013,01:52 -60.

[167]张先兵. 北京市流动人口调控管理的现状与对策[J]. 生产力研究,2013,02:128 -131 +201.

[168]刘波. 北京人口调控的特点、问题及对策[J]. 生态经济,2013,05:188 -190.

[169]李超,张红宇,卢健,覃飙. 北京市人口调控与产业结构优化的互动关系[J]. 城市问题,2013,08:2 -6.

[170]蔡昉,曹莹. 超大城市的人口调控——国际经验和中国挑战[J]. 浦东开发,2013,12:6 -9.

[171]沈巍,刘慧丽. 北京市人口增长原因及其调控对策研究[J]. 当代经济,2015,05:6 -10.

[172]林宝. 北京人口调控要厘清八大关键问题[J]. 北京社会科学,2015,03:47 -53.

[173]张真理,罗瑞芳. 北京人口调控的反思与转型[J]. 城市发展研究,2015,05:6 -11.

[174]陈功,王瑜,王灏晨. 京津冀协同发展下人口调控分析及预测——基于人口健康的视角[J]. 人口与发展,2015,02:23 -28.

[175]颜九红. 首都人口调控的思路和建议——以北京新机场建设中流动人口问题为例[J]. 北京政法职业学院学报,2015,03:89 -96.

[176]丁金宏. 论城市爆炸与人口调控[J]. 前进论坛,2011,02:

33 - 36.

[177]刘锋,黄润龙,丁金宏,段成荣. 特大城市如何调控人口规模[J]. 人口研究,2011,01:29 - 43.

[178]陈宇琳. 我国快速城镇化时期大城市人口规模调控对策评价与思考[J]. 现代城市研究,2012,07:9 - 14 + 28.

[179]石红溶. 北京人口调控的原则与对策研究[J]. 未来与发展,2012,10:60 - 63.

[180]吴群刚. 北京市人口规模现状与调控[J]. 城市问题,2009,04:2 - 5.

[181]张暄. 从东京的城市管理经验看北京的人口调控方式[J]. 北京广播电视大学学报,2010,04:41 - 44.

[182]黄晨熹. 城市外来人口宏观调控政策研究之新视角[J]. 华东师范大学学报(哲学社会科学版),2007,01:78 - 83 + 94.

[183]任强,陆杰华. 北京市未来流动人口发展趋势及调控思路[J]. 人口研究,2006,04:77 - 83.

[184]盛亦男,童玉芬. 北京市外来人口调控政策效应的定量分析[J]. 中国人口科学,2015,06:12 - 22 + 126.

[185]朱蓓倩,高向东,陶树果. 新型户籍制度下特大城市人口调控的博弈研究——以上海为例[J]. 浙江工商大学学报,2016,02:111 - 117.

[186]http://society. people. com. cn/n1/2016/0811/c1008 - 28629575. html

[187]http://w ww. istis. sh. cn/list/list. aspx ? id = 5359. 2009 - 07 - 14.

[188]http://news.ifeng.com/a/20150325/43409410_0.shtml

[189]中国统计局.中国统计年鉴[DB/OL].http://www.stats.gov.cn/

[190]陈建军.中国现阶段产业区域转移的实证研究——结合浙江105家企业的问卷调查报告的分析.管理世界,2002(6):64-74.

[191]陈建军.中国现阶段的产业区域转移及其动力机制.中国工业经济,2002(8):20-23.

[192]张车伟,王智勇,蔡翼飞.中国特大城市的人口调控研究——以上海市为例.中国人口科学,2016(2):2-11.

[193]杨宁杰.我国现阶段产业区域转移问题研究.吉林财经大学,2014.

[194]俞国琴.产业区域转移与东西部产业结构优化.四川经济研究,2004(11):4-6.

[195]宋鹏程.产业区域转移的影响因素研究——基于长三角制造业数据.西北师范大学,2013.

[196]刘波.北京人口调控的特点、问题及对策.生态经济(中文版),2013(5):188-190.

[197]翟振武,杨凡.世界城市人口调控的政策措施及启示.北京社会建设论坛,2010.

[198]尹德挺.超大城市人口调控困境的再思考.中国人口科学,2016(4):61-73.

[199]张车伟.我国特大城市人口调控的建议.中国国情国力,2016(9):6-8.

[200]洪娜.区域合理人口规模及人口调控研究.华东师范大

学,2008.

[201]陈群民,徐建. 借鉴北京经验,强化上海人口调控. 科学发展, 2013(9):107－112.

[202]魏星. 特大城市人口调控的反思——“新常态经济与新型城镇化”论坛综述. 中国人口科学,2015(6):119－123.

[203]刘志. 北京人口调控的战略要点. 人口与计划生育, 2013(2):59－61.

[204]石红溶. 北京人口调控的原则与对策研究. 未来与发展, 2012. 35(10):60－63.

[205]陈春莲. 京津冀协同发展战略对北京外来人口调控的引领作用研究. 北京政法职业学院学报, 2016(1):88－94.

[206]于越, 刘畅,李国正. 首都流动人口定居意愿及影响因素研究——兼论首都人口调控模式. 管理现代化, 2017,37(1).

[207]李呈. 北京外来人口调控对京津冀协同发展的推动作用探析. 北京政法职业学院学报, 2016(1):95－99.

[208]何海岩. 京津冀协同发展下北京人口调控的问题与对策. 宏观经济管理,2016(4):64－67.

[209]朱传耿等. 中国流动人口的影响要素与空间分布. 地理学报, 2001,56(5):549－560.

[210]李超等. 北京市人口调控与产业结构优化的互动关系. 城市问题, 2013(8):2－6.

[211]陈甬军,陈爱贞. 城镇化与产业区域转移. 当代经济研究, 2004(12):52－57.

[212]陈甬军,陈爱贞. 从劳动力转移到产业区域转移——新型

工业化背景下我国城市化演变趋势分析. 经济理论与经济管理, 2007,V(2):42-46.

[213]陈建军. 产业区域转移与东扩西进战略. 中华书局,2002.

[214]张弢,李松志. 产业区域转移形成的影响因素及模型探讨. 经济问题探索, 2008(1):49-53.

[215]娄晓黎. 地域梯级分工模型与产业区域转移的空间机制分析. 当代经济研究, 2004(7):41-43.

[216]李锋. 国内外关于产业区域转移问题研究观点述评. 经济纵横, 2004(6):59-63.

[217]何星明,蒋寒迪,袁春惠. 产业区域转移的理论来源. 企业经济, 2004(9):122-123.

[218]彭连清. 我国产业区域转移的路径选择、产业定位与政府作用. 山东社会科学, 2007(11):101-104.

[219]郭丽. 产业区域转移及其对后发区域经济发展的影响. 当代经济研究, 2008(10):40-43.

[220]赵君丽. 要素结构变动、产业区域转移与产业升级. 经济问题, 2011(4):14-16.

[221]付保宗. 中国产业区域转移机制问题研究. 中国市场出版社,2008.

[222]胡黎明,刘友金,赵瑞霞. 产业区域转移研究的源起、发展与趋势. 湖湘论坛, 2011,24(1):97-101.

[223]袁静. 产业区域转移与经济增长的实证研究. 经济问题, 2012(7):51-53.

[224]虞晓平. 产业区域转移和承接研究:理论与实证. 浙江师

范大学,2009.

[225]彭连清．我国产业区域转移的趋向与对策．经济导刊,2007(4):67－69.

[226]沈韶华．近年来上海产业区域转移情况调查报告．统计科学与实践,2016(4):31－35.

[227]多淑杰．我国产业区域转移中转出地与承接地合作实践模式分析——基于广东省产业转移园共建模式的分析．广西财经学院学报,2013(3):74－78.

[228]多淑杰．我国东中西部产业区域转移的特征及现实基础分析．湖南商学院学报,2013,20(2):29－34.

[229]盛亦男,童玉芬．北京市外来人口调控政策效应的定量分析．中国人口科学,2015(6):12－22.

[230]陈玉越．产业转型升级背景下的外来人口调控研究．宁波职业技术学院学报,2016,20(2):105－108.

[231]林宝．北京人口调控要厘清八大关键问题．北京社会科学,2015(3):47－53.